茨の小径の向こうには

カントに学ぶ、希望の哲学

力武晴紀

花伝社

茨の小径の向こうには——カントに学ぶ、希望の哲学◆目次

第Ⅲ部　共なるもの――「自・他」交わる世界

引用について

一、カントからの引用は主に『カント全集』（岩波書店、全二二巻、別巻）により、巻数は丸囲い数字で、ページは漢数字で表した（例えば、「④一二三」は第四巻の一二三ページのこと）。ただし、一部は意味を変えない範囲で訳を変えたり、他の訳本を使ったりした場合もある。さらにこの全集に収録されていない書簡は拙訳によるものである。

※参考のために各巻の収録著作の細目を本書の最後に載せておく。

二、引用文中の［　］は筆者による補足である。

はじめに

私はチャイコフスキー作「ただ憧れを知る者のみが」という短い曲が好きで、毎日のように聴いている。何度聴いても飽きないどころか、落ち込んだ時の慰めだけでなくこれからの自己実現に向かう力を与えてくれる。悩み苦しむ者こそが明るく美しい未来を思い描き、その実現を目指して歩み続けることができるのだろう。

『レ・ミゼラブル』の最初にこんな一節がある。
「現代の三つの病。男の……、女の……、子どもの萎縮。」
育てている苗木が春、明るい光の中で芽吹いている。なのにある時、どうしたのだろう、萎れている。水不足？　日照不足？　それとも黴菌？　どうにかしてあげたい。人間の世界はもっと複雑だ。子どもたちの伸びようとする芽をじゃまするもの、あるいは潰そうとするものがある。それを見つけ、立ち向かわねばならない。

カントはいろいろな不合理、曖昧さ、虚偽、欺瞞などに対して理性の光を当てた。考えが足りないために人（権力者も）にだまされやすい善良な人々が、自力で考え、しっかりした世界観を打ち立てて人生を闊歩できるよう手伝った。彼は思考において素直な人、少年のように素朴な問いを持ち続ける「普通の人」だったように思われる。「何がわかって、何がわからないのだろう?」「善い人とはどんな人をいうのだろう?」「美しいとか崇高とは何だろう?」などと素直に問い、一生その考えの世界に住んでいたカント。理性といっても理論理性だけでなく、いやむしろ実践理性を重んじ、実践的哲学者であることを本当の哲学者とした。だから子どもの成長に期待をかけ、一代、一代と理想社会へ近づく未来に希望をかけたのである。

彼は言う。

「子どもは伸び伸びとしていて、そのまなざしは太陽のように晴れやかでなければならない。快活な心だけが善にたいする喜びを感じ取ることができる。」（⑰二九一）

伸びようとする芽、大空を見上げる目。

ところで私は哲学の専門家、つまり学者や研究者といわれる者ではない。教育現場で授業や各種の「指導」の他、生徒と一緒に行事に取り組んだり、ボクシングやサッカー部員と一緒に走ったり、科学部の部員と共に山に登ったり、……生徒の流す涙や怒りを受け止め、時には叱り時には励まし、そして共に喜んだ教師生活を送ってきた者である。したがってカント哲学の学習も断片的で理解も浅く、さらに誤解すらもあるかもしれないことを自覚しつつ、この本を書き始めた。かつての私と同じく、権威に寄りかからず自分で一から考える青年、今は迷っているが自分で人生を切り拓こうとしている若者に、少しは役に立てばと願いながら……。

カントを少しかじってから星空は何度も何十度も巡り、私は齢を重ねるごとに、なぜだろう、たまに故郷を思い出すようにカントに会いたくなった。若い頃は読んだことのない彼の作品や書簡集や遺稿集、さまざまな伝記を通じてその人となりを少しずつ知るにつれ、彼はずっと親しみやすい、近い存在になってきた。長い年月をかけて本来の自分が熟していくにつれ、カントが親しくなってくる。大哲学者を友だちのように言うのは不遜かもしれないが、兄貴分のように語りかけてくるカント。それに「うん、わかる！」と応える自分。そしてその思いが形を得たがってくる。それはちょうど、彫刻の世界で目的の像が少しずつ形を現わしてくる過程に似ている。

この本でも、できるだけ彼の生の言葉を引用した。目の前にカントがいるような臨場感が出せれば、「偉い学者」のカントではなく、心優しいカウンセラー・カントの一面が現れるかもしれない。また、私自身の体験もずいぶん多く挿入したことで読み物調になったが、「つまみ食いしたカントに学びつつ語る自伝的人生論」くらいに思っていただけたらと思う。

第Ⅰ部

内なるもの――「自」の世界

個々の具体的なことを考える時、心の動揺は起こらない。たとえばある町へ旅行するのに鉄道かバスか自家用車か……と計画を立てる時、決定するまでの苦労はあるだろうが、底知れぬ不安のようなものは湧いてこないだろう。だが、自分のこれから先の人生はどうなるのだろう、とか、今の生き方でいいのだろうか、自分にしっかりした主義・主張があるだろうか、などと反省する時は、頭の中は混沌とした状態になり、次にはさまざまな考えが混乱してきて収拾がつかない、という経験はないだろうか。

人は言うかもしれない。「君はまだ若い、もっともっと勉強し、人とのつながりの中で社会体験を積み、そうしながら成長していくものだよ。一人前の人間になることはそう簡単なものではないがね……」。

しかしそれは「量」的な見方ではないだろうか。

カントは言う、

「汝が求めるものは汝の内にある。汝の外に尋ねるな。」(⑱一五九)

『論語』にも、「君子［立派な人］はこれを己れに求め、小人［つまらん人］はこれを人に求む」とある。

頭の中の混乱の源はどこにあるのか。知識や経験の不足に、ではない。知識そのものへの深い思索、真理の真理たる根拠へのアプローチこそ必須のことではないか。その根拠がわかっていないから、混沌・混乱のままなのではないか。カントの著作には『純粋理性批判』などというお堅い大部の著書以外に、「思考の方向を定めるとはどういうことか」という小論もある。ここでは思索する人が、「歩む理性の遍歴の途上で、方向を定めるための道標であり羅針盤」、「自分の道を予め描くための道標であり羅針盤」を見出そうという（⑬八〇）。

本書の第一部は「私」の世界。「自他」の「自」の世界。一人ひとり違う世界、個性的な世界。第二部は彼・彼女・それ・それらの世界、「他」の世界。第三部は「お前」「あんた」と「われわれ」の世界、「共」の世界、自他融合の世界をそれぞれ述べている。

さあ、それでは「自分自身への道」の第一歩を踏み出すことにしよう。

第一章　生きている

［悩み］

すでに触れたような生き方についての悩みは、人生の過渡期である青年期特有のものであろう。この新しい体験を、ルソーは「第二の誕生」とうまく名づけたが、生きるということを「一般的に」、「抽象的に」考えることがこの時期には時々あるものだ。時々なら日常生活は乱れないが、これが頻繁に起こり、まして「考え込む」ともなれば事は重大だ。なかなか考えが進まず、まとまらず、ややもすると混乱し、心の動揺や不安を招くことにもなりかねない。しかも、生と死、永遠……などの観念が一度湧き起こるや、この妖怪は追っ払おうとしてもなかなか退散せず、楽しい時でも勝手に目の前に現れることがあり、困ったものである。

悩む、ということである。しかし、これが出発点であろう。

「人間は、努めるかぎり、迷うものである」（ゲーテ）

ついでにお供のカントさん流に言えば、

「悩みなき哲学は空虚であり、哲学なき悩みは闇である」とでもなろうか。

また、「哲学は悩みと共に始まる。しかし哲学はすべて悩みからできているのではない」とも言えそうである。

［生と死］

ここで、頭の中で思いが最初から空転することのないように、まずは現実、つまり現にある事実をしっかり見てみよう。

例えば、風に揺れる木の葉やその上で無心に食事をする蛾の幼虫などを見つめるのもいいだろう。葉っぱも生きている。地中から水や養分を摂取して一日一日を生きている。イモムシのなんという旺盛な食欲！「自分」が自分以外のものから「必要な」ものをいつも取り入れ、一部は排出し……この物質代謝は休みなく続く。続く間が、彼の一生だ。

やなせたかし作詞の、「手のひらを太陽に」の歌を知らない人はいないだろう。

「ぼくらはみんな　生きている　生きているから　歌うんだ（…）カエルだって（…）まっかに流れる　ぼくの血潮（…）」

虫の食事風景は逞しいが、実は彼らは一人、いや一匹で、つまり自力で生きている。

私の家の庭ではいろいろなイモムシや毛虫が生活しているが、中でもクロメンガタスズメという蛾の幼虫はとても美しく、ついうっとりと見入ってしまう。ある人はその美しさを次のように表現している。

「幼虫はまぶしいほど美しかった。正真正銘、幼虫のプリマドンナである。その体は華麗な黄色い鸚鵡《おうむ》の衣装をまとっていた。青い、腹のあたりにかけて黒っぽくなる縞が何本も斜めに走っていた。この宝石のような線の上に、黒青色の細かい斑点が水しぶきをかけたように散らばっていた。ローマ字のSのような形をして下方に曲がった、粒状の模様のあるスズメガの幼虫の尾角は、光沢のない暗黒色に染められていた（…）。」[1]

　この美しいイモムシを初めて見た私は、成虫の姿を見たくて早速簡単な虫かごを作って飼ったことがある。もちろん、下半分ほどは乾いた土を入れ、彼（彼女）の大好きなアサガオの葉を乗せて。

　秋から冬、そして春になった。網の内側に、大きな蛾が止まっていた。アブラゼミのような大きな蛾だ。クロメンガタスズメというスズメガ科の蛾であることは、図鑑で知った。あの美しいイモムシがこの地味な成虫にまで成長する間、つまり蛹の生活の様子を知りたくて、土の中を調べてみた。トンネルの先に甕棺のような固い土でできた部屋があった。これもあのイモムシが作ったのである。トンネルを掘っていき、土をこねて住居を作り、その中で安らかに成長していったイモムシ。そして自分で作った懐かしいトンネルを再び体をくねらせて戻っていく。そして久しぶりの陽の光の下で、いよいよ華麗なる変身だ。いつもはほとんど気にかけない、それどころか嫌がることの多い蛾について、私はとても大きな体験をした。

そのイモムシだ。いつ鳥に食われるかもという危険と隣り合わせで、無心に葉っぱを食べている。そう、生きることを考えるには、死ぬことも「対」にして考えないといけない。生と死は隣り合わせであり、コインの両面である。「右」だけを見て「左」を見なかったら大変なことになる。

ここからしばらく、私の過去の「死」の体験、より正確には「死の予感の体験」を綴ってみることにする。

［九死に一生］

バイクが大好きだった青年の私が、「自動二輪中型」の免許をとったばかりの頃。

バイクは転倒しやすい。急ハンドルができない時、つまり車とぶつかる瞬間は両腕でハンドルを握りしめないで、思い切って（禅でいう「身心放下」！）両脚を踏ん張って上へ跳び上がらなければならない。その訓練を私は日頃、対向車とすれ違う直前、意識内で行っていた。なぜというに、そのままぶつかれば一巻の終わりだから。

さて、何とその時がやってきたのだ。それは対向車と、ではなかった。

左前方に駐車中の乗用車があった。用心して進路を右寄りにとり、充分距離を置いて通過しようとしていたところ、その車が急発進して目の前を横切ろうとしたのである（後でわかったことだが、運転手は反対車線へUターンしようとしたのだ）。ブレーキをかける間もなかった。車の横っ腹に激突するしかない。

その一瞬、まさしく一瞬の決意！

私は「すべてが虚無」の異次元に突入した。

その後は……「時間」の意識も「空間」の意識もまったく欠落している。ただ「痛ーい！」だけ。体の「下の方」が痛くてたまらない。が、その時、もっと強く鮮明に心を占拠したのは、「生きている！」という晴天の霹靂のような強烈な感動であった。一瞬入った冥界から脱出したのだ。

よく「生き返った」というが、それは矛盾した言葉だ。正しくは、「真に生きている実感」だろう。これは死を間近に予感した体験だった。こういうことは頻繁に起きるものではない。

よくあるのは病気や怪我である。風邪で喉や頭が痛く、夜もあまり眠れないようなことは、誰しもしばしば経験するものだ。この病気や怪我はおおむね「初め・ピーク・快癒」のプロセスを経るが、ピークを過ぎたと感じ、快癒に向かいつつある、あの実感はどうだ。痛みがマイナス五からマイナス四にやや和らぎ、さらにマイナス三へ。あの時の嬉しさ、喜び。完全に治っているのではないが、この変化がありがたく、嬉しい。このような「快癒の喜び」はまさしく、生きようという私たちに内在している逞しい本能の証である。

「生きんとする意志」

現代は「生きづらい」時代だとよく言われる。何という言葉だ！　この表現はあまりにも総括的で、事はきわめて重大だ。「生き甲斐がない」などという厭世的な言葉ではない。「生きづらい」はそれとは対照的に、「生き生きと生きたい」のだが、さまざまな条件が悪いことを切実に訴えていて、個人の意志とは別の、社会的な問題であることを示している。この社会的な問題は第六章で扱うことにして、ここでは私たちに本来備わっている、「生きんとする意志」について考えたい。カントは何と言っているか。

「世界統治者（神）は人間理性に関与の余地を与えないまま、いっそう高級な理性によって目に見えない仕方で人間の肉体的な世界最善を普遍的に配慮しながら人類を操っているのであるが、この世界統治者の役割を自然による衝動のなかでも最も強力な二つの衝動が肩代わりしているのであって、その二つの衝動とは生命への愛着と性への愛着である。前者は個体を維持し、後者は種を保存するためであり（…）。」（⑮二四三）

人間の本能は自己保存の欲求と交合の欲求だという、誰でもが知っていることだ。この本源的な欲動が邪魔され、抑圧され、さらには否定されるような状況、事態をこそ問題にしなければならない。

「生きるのが嫌になり……」

カントもいろいろと悩み、不安になり、ついには生きるのが嫌になったこともあった。生来あまり体が強くなかった彼は、手紙でもよく体の不調を訴えている。さらに著書の中で（！）、私的な悩みをあからさまに書いてもいる。

「私は生来虚弱体質で、特に胸が薄く、従って心臓や肺の働きが不十分であった。だからいつも胸の圧迫感に悩まされていた。そして生きることが嫌になったこともある。」（⑱一四〇）

これがあの、難解な文で有名な大哲学者カントの言葉、しかも手紙ではなく公刊された書物の中の一節である。

「私には心気症の自然的素質がある」という彼の不調の原因は、はっきりした身体的原因によるものであるから現代の鬱とは多少違うが、彼の鬱克服法は参考になると思われるのでさらに続ける。

彼は鬱をこう説明する。

「うつ病（心気症）（…）においては患者は自分の思考の流れが正常に運んでいないことをちゃんと自覚しているのであって、それは自分の理性が自分自身に対して思考の進行を正し、それを抑制したり鼓舞したりする力を充分に発揮していないのが分かるからである。場違いな喜悦と時を外した落胆とが交互に訪れ、それゆえ変化する天気をそのまま受容せざるをえないのと同じで、気分が自分の中で交替するのである。」（⑮一三三〜一三四）

そして、これは理性の力を発揮しない、心の弱さだという。

「特定の対象がない病的感情一般に無気力に（したがって、そうした感情を理性によって支配しようと試みずに）身をゆだねるという弱さ——心気症。これは、身体内に特定の座をまったくもたず、構想力の産物であり、そこから創作的と呼ぶこともできるであろう——本で読んだすべての病気が自分に認められると患者が信じる場合には。これは自分の病的感情を支配するという心のあの能力とはまったく正反対のものであって、つまり、人間にふりかかるおそれのある禍について思い悩み、もし禍がやってきても抵抗できないという病気なのである。」（⑱一三九）

ところでこの症状のきっかけは、体の不調であることが多いだろう。

「（…）その根底にはもちろん何らかの病素（腹部の膨満や便秘）があるのであろう。しかしその病素は、感官を触発するとおりに直接に感じられるのではなく、創作する構想力がそれをさし迫った禍であるかのようにみせかけるのである。」（同）

昔からいう「気のせい」というわけだ。

「そのような場合、自虐者（自己自身を罰する者）は、みずからを励まして奮い立つかわりに医者の助けを呼ぶのだが、それは無駄である。なぜなら、不随意にあらわれる悩ましい表象、しかも、実際に生じたならやはり手の施しようがない禍についての表象を、みずからの思考活動の養生法によって無効にできるのは、かれ自身だけだからである。」（同）

と、この病を治す主治医は自分自身だという。

[克服]

そして、これを克服するためには単なる「決意」だけでは無理だという。なぜなら、それができるなら当人は心気症ではないからである。よって解決法は「理性」にあるとして、いよいよ脱出法の処方箋が出される。

「理性的な人間なら、そのような心気症を許容することはない。理性的な人間は、もし不安の念に襲われ、それが気鬱すなわち自分で考えだした禍になりそうなときには、この不安の念には対象が存在するかどうかと自問するのである。」(同)

気分に浸り、ずるずると泥沼に落ち込んでいくのではなく、「考え」ろ、と。

「こうした不安を引き起こす正当な原因となりうる対象が見つからなかったり、たとえそうした対象が実際にあったとしても、その作用を防ぐためにできることはないと見て取ったならば、かれは自分の内的感情のこうした訴えをかかえたままで、日々の業務に赴くのである。言い換えると、胸苦しさをその場に放置しておいて(まるで自分には何の関わりもないかのように)、なすべき仕事に注意を向けるのである。」(同~一四〇)

私は何十年も苦しんだ「高所恐怖症」を、このやりかたで克服した経験がある。高い橋にさしかかる時、深淵に吸い込まれそうな予感、想像をそのままにして、つまり打ち消そうとせずそのままにして、カント流に言えば「その場に放置して」、とにかく「橋を渡り切る」という目的だけを意識の中心にして立ち向かうのである。すると何とできるのだ！　想像しようがしまいが、そのままうっちゃっておく。「森田療法」も同じだと思う。

さて、「生きるのが嫌に」なったカントは、それでどうなったのだろう。

「しかし、この胸苦しさの原因はたんに機械的なもので、取り除くことはできないかもしれないのだと考えると、やがて胸苦しさはまったく気にならなくなった。そして、胸にこれを感じていても、頭のなかは安らぎと晴れやかさに満ち（…）」（⑱一四〇）

苦しみの原因が身体的な場合と、現代に多い社会的な場合とは大きく違うとはいえ、克服の方法には参考になるところがあるだろう。彼はその鍵は自発的な活動、やりがいのある仕事であるという。

「生命の喜びをより多く与えるのは、享受するものよりも、生命を自由に使用して行うことの方であるから、精神的労働をすることで、身体的労働とは別種の生命感情の昂揚が起こり（…）」（同）

と、価値あるものを求めて活動するという原点に戻ったのである。

「生命感情の昂揚が起こり、身体にしか関係しない障害に対抗できるのである。胸苦しさは私のもとを去らなかった。その原因が私の身体的構造にあるからである。この［苦しさの］感じが私にはまったく関係ないかのように注意をそらすことで、私の思考と行為にそれがおよぼ

す影響を支配できるようになったのである。」(同)

苦しみという槍が向かってきたら払いのける。やっつけることはできないが、横に払うか、または自分が向きを変える。そして「生命感情の昂揚」を起こさせるものに顔を向けようではないか、と。

カウンセラー・カントの話は、心に響いただろうか。

第二章　育つ

［育てられる］

「育つ」と見出しをつけたが、より正確には「育てられる」であろう。ちょうど誕生とは「生む」のではなく「生まれた」のと同じように。

私たちは自分が「いる」と言う。しかし、今生きているというより過去から生き続けている、このような状態に「成った」と言ったほうがより正確だろう。現在形ではなく現在完了形。生まれてからさまざまなことが起こり、そしてこう「成ってきた」。

私たちは自分の乳児の頃のことは覚えていない。オムツをはいていたことを思い出せる人がいるだろうか。少年・少女になって赤ちゃんというものを見たり抱っこしたりして、なんとなく自分もああだったのだろうか、などと想像している。「子を持って知る親の恩」などという古臭い言葉は若者には外国語のように聞こえるかもしれないが、自分が親になった時にこれを否定する人はいないはずだ。

ガンジーは偉い人だ。マルクスも歴史的な大人物だ。さて、彼らはどのように育てられたのだろうか。母や父、兄弟姉妹、その他の周りの人々、は彼らにどのように関わったのだろうか。

もちろん、育てるのは人間だけではない。広い意味の環境、歴史的条件も人を育てる。しかし、人物伝では乳幼児の頃の部分があまりにも少ない気がする。これは乳幼児の頃の記憶が少ないせいもあるし、育てた人々による記録がほとんどないためでもあろう。したがって、これはわれわれの想像力でカバーしなければならない、大きな、重要なテーマであろう。

ではカントを例に、私たち自身の幼少時と重ねながら考えてみよう。時代や社会の様子は異なっていても、どの人も赤ちゃんから幼児へ、そして少年・少女を経て成人へと育てられ、育っていくのだから。

さて、カントを育てた環境、つまり自然や町、両親をはじめとする周りの人々は……。[2]

[ケーニヒスベルク]

われわれの赤ちゃん・エマヌエルちゃん（成人してイマヌエルに変えた）は、一七二四年四月二二日に生まれた。ちょうど三〇〇年前である。ところはプロイセン王国の北東部のケーニヒスベルク（「王の山」の意）である。ここはバルト海に面した港町で、ロシア、スウェーデン、オランダ、デンマーク、イギリスなどと行き来する船舶で賑わっていた。内陸部のポーランド地方（当時は独立していない）からの穀物なども河川を通じてここに集まり、大学や図書館も充実した、人口約五万人の経済的・文化的に有数の街であった。住民も多民族からなり、したがってドイツ語以外にリトアニア語などのバルト海諸語やポーランド語などに加えて英語、フランス語なども話されていた。ユダヤ人のヘブライ語も。

この町の活気ある様子を、ウヴェ・シュルツはジャーナリストらしい簡潔な文体で次のように述べている。

「ケーニヒスベルクは、十八世紀のはじめに急激な経済的躍進をとげたが、とりわけ、諸身分のほとんどがみずからの独立をまもることを心得ていたからにほかならなかった。各身分の自由と団結の上に立つ、この対立抗争を支えていたのは、商人と職人の毅然とした市民気質であった（…）。ケーニヒスベルクは、その近年の繁栄を、貿易に負うていた。（…）イギリスとオランダの商船が、ケーニヒスベルクに寄港し、カントの生家に間近いプレーゲル河口で、イギリスの織物、酒、植民地の産物を、ユダヤ人の商人の手によってポーランドから平底の河舟に乗せられて運ばれてきた自然の産物と交換した。少年カントは、学校の行き帰りに、また市の中心街で、とりわけ春には、この取り引きの喧騒を見聞きし、また、遠い異国の人々とその産物とに直接接する魅力を味わったのである。」[2]

その城下町のはずれが、エマヌエルちゃん一家の住まいである。「この鞍作り通りは、（…）ケーニヒスベルクのたいていの鞍と馬具の製造業者が住んでいる通りであった」とか、「生家は表側城外町馬具屋通りにあり」と、伝記により多少表現が違うが。これで彼らの家がどんな階級に属するかおわかりになっただろう。

お父さんのヨハン・ゲオルク・カント（一六八三〜一七四六）は馬具職人で、お母さんのアンナ・レギーナ・カント（一六九七〜一七三七、旧姓はロイター）も馬具職人の娘であった。

馬具の主な材料は牛や馬の革であるが、この皮革業は当時の重要な産業であった。カントの教え子で若くして盲目となったバチコは、その著書で次のように街の様子を述べている。

「(…) 現在のケーニヒスベルクでもっとも重要な産業は、羊毛業、皮革加工、靴下製造、タバコ、陶器、綿工業である。」

この「職人」階級については後ほど詳しく扱うことにして、幼いカントは日夜額に汗して働く家内労働を見ながら育ち、自分も仕事道具の少しくらいは手にしたことがあるかもしれない。ハンマー、ナイフ、ペンチ、鋸……。

［父と母］

さて、本章のテーマは「育つ」。カントの両親はどんな人物であったか。次はカントと親しく接した人・ボロウスキーの記録である。

「われわれの哲人の父は、この地のきわめて実直な市民であった。なるほど彼は息子の悟性［知性］の陶冶に自ら助力することこそできなかったが、この息子のために他の人の助力を捜し求めてやるだけの、開けた素直な分別が全く充分にあり、また自分の手仕事（彼は馬具師で、いわゆる馬具屋町に住んでいた）の許す範囲で、それを求めるに必要な出費を喜んで出すだけの熱意があった。」

なんだか遠回りの表現だが、じっくり味わってみたい。

父はいわゆる知識人ではないので、わが子に（自分の仕事以外の）学問を教えることはできなかったが、少ない家計から教育費を捻出する「熱意」があった。この熱がとても重要だ。そして息子の才能を伸ばすために、「他の人の助力を捜し求め」たのだ。後に通うことになるフリードリヒ学院の先生たちの温かい励ましや母方の伯父さんからの経済的援助などもあって、エマヌエルは大学まで進むことになる。

どこにでもいる平凡な父親。だが、わが仕事に誇りを持った職人の堂々たる存在感がある。もう一つ。職人組合の一員として、ヨハンお父さんは人間関係ではいろいろあっただろう。しかし、よほどできた人物であったようだ。息子は言う、「わたしは両親から下品な言葉を聞かされたり、卑しい行為を見せつけられたことはただの一度もなかった」と。

母は心優しく知性的で、かつ宗教心の篤い女性であった。「母の方はいっそうすぐれた性格をもっていた。彼女は分別が正しく、情操が豊かで、キリスト教が人をあたたかい心情に高めるのに傾倒し、当時人びとの間に盛んであった敬虔派を通じて儀式的な礼拝を堅く守り、また子どもたちにもそれを続けさせていた。」

別の同時代人ヴァジヤンスキーは、母が広い意味での教育者であったと次のように記している。

「母はマーネルヒェン（エマヌエルという名を彼女は母親らしい優しさから縮めてそう呼ん

でいた……）を連れてしばしば野外へ行った。彼女は子供の注意を自然の事物や自然界の多くの現象に向け、彼に多くの有用な雑草を教えた。さらに、天空の構造についても自分の知っている限りのことを話したが、わが子の鋭敏な知力と理解力に驚嘆した。」

ボロウスキーはこの両親を次のようにまとめた。

「父は、この子を勤勉で、どこまでも誠実にものごとを考えるように鍛えた。母は自分の経験からつくり上げた図式にかなうように、また敬虔な息子にしたいと望んだ。父は勤労と正直を、特にどんな虚言も言わないように要求した。母はその上に、神聖さをも求めた。」

［教育とは］

大学での教育学の講義において、カントはこのような両親の育て方を念頭に置いたに違いない。第一七巻に収められた「教育学」から一部を抜粋してみよう。「人間は教育されねばならない唯一の被造物である」（⑰二一七）で始まる彼の教育論である。「人間に備わっているすべての自然素質を発展させるという教育の理念」（同二二三）を、彼はめずらしく対話形式でわかりやすく説明する。

「創造主である神はたとえばこう人間に語りかけるであろう！――『私は善に向かう素質をきみにあらかじめ賦与しておいた。この素質を発展させるのはきみの義務なのであって、それゆえにきみ自身の幸および不幸はきみ自身にかかっているのだ。』

人間は、その善に向かう素質を第一に発展させなければならない。つまり、神の摂理はこの素質をすでに完成した状態で人間の内部に置きいれたわけではない。すなわち、それはまだたんなる素質にすぎないのであって（…）自己自身を改善すること、自己自身を教化すること、そしてみずからが道徳的に悪である場合には自己自身で道徳性を身に付けるようにするということ、これらが人間の行うべき義務なのである。しかしながら、このことについて詳しく考察してみると、非常に困難であることがわかる。したがって、教育とは人間に課せられた最大の課題であり、最も困難な課題にほかならない。」（同二二五〜二二六）

しかもこの人間性の完成へ向かう道程は歴史的なものである。つまり、

「教育とは、それを完全に遂行するためには多くの世代を経なければならないようなひとつの技法である。」（同二二五）

だから、子どもは現在の社会に適応するように、すなわち世に言う「一人前の人間」になるようにではなく、未来の人間を目指して教育されるべきであろう。原文では、

「子どもが人類の現在の状態だけに適応するようにではなく、むしろ人類の将来的に可能なより善い状態に適応するように教育されるべきである。」（同二二八）

では子どもの教育で重要なことは何か。

「名誉の概念ではなくて正義の概念にもとづいて子どもをひとりの人格にまで形成すること」（同二八二）である。だから両親は、正しいことを毅然と子どもに示さなければならない。

「両親がとる譲歩的態度の中に毅然とした姿勢そのものや品性そのものが欠けていることが子どもにもわかるような模範以上に有害な影響をもたらす模範はどこにありうるだろうか。」（同）

わが子が人中で騒いだりして迷惑をかけている時、しばしば聞かれる親の言葉、「○○ちゃん、そんなことしたら怒られるよ！」などは、「有害な影響」を子に及ぼす最たるものだろう。

ところで、日本語の「教育」は上から「教える」というイメージが強いが、ドイツ語のエアチーウング（教育）は元々「引き出す」という意味であり、子どもが立派な人間になるように善なる素質を引き出すのが教育、ということである。つまり子どもの自発性を基盤にしていなければならない。「はじめに」にも書いたように、

「子どもはまた伸び伸びとしていて、そのまなざしは太陽のように晴れやかでなければならない。快活なこころだけが善に対する喜びを感じ取ることができる。」（⑰二九一）

そこでカントは、走ること、木登り、石投げ、ボール遊びなどさまざまな遊び、楽しむ活動を推奨する。さらに運動能力だけでなく構想力も必要になる山歩きはいい。「場所的構想力とは、現実に見たことのある場所に即してあらゆるものを表象する能力であるが、（…）森の中から抜け出る道を見つけ出す能力」を培うことを強調する（この、暗中模索しながら出口へ「抜け出る道」を見つけ出すことは思考の世界でも言えることで、それは次の章で扱うことになろう）。

他に楽器も勧めるが、自分で作ったものならなおいい。「子どもが自分自身で葦を切ることを知って、その葦笛を吹くことができるならば」（同二六三）最高だ、と。

もう一つ、私も大好きな独楽《こま》。「独楽まわしは子どもに特有の遊びである。しかしながらこうした子供の遊びは、おとなにもさらに思索する素材を提供しているし、また時には重要な発明のきっかけを与えることもある。たとえば、ゼーグナーは独楽まわしに関する論文を執筆したし、さらにまた独楽まわしがきっかけを与えて、イギリスの船長は、船上で星の高度を測定できる反射鏡を発明することになったのである。」（同）

遊びは（広い意味の）教育の母である、とでも言いたげである。

両親以外にカントを育てた人物として、一人だけ挙げておこう。アンナお母さんを宗教的に導いた牧師・シュルツである。

「（…）牧師でフリードリヒ学院長であった尊敬すべき神学

博士プランツ・アルベルト・シュルツ、（…）この偉大な人間観察者は、初めてカントの稀有な偉才を発見し、そして彼の援助がなければ萎縮したかもしれない未知の天分を伸ばしてくれたのである。（…）シュルツはカントの両親に説いてその息子を勉学させるように勧め、しかもカントとその両親の体面をそこなわないような形で、というのは彼らはあらわに援助してもうらうことを避けていたからであるが、彼らを援助した。すなわちシュルツはカントの両親に薪を与え、この薪をいつも思いがけない時に無償でその家に運ばせたのである。」

［親の思い］

育てるとは衣食住の世話をすることだけでなない。危険や怪我、病気から命を守ることも必須の仕事である。ここで私の母の思い出を少し。

私には小学高学年から中学にかけて、家事分担の一つに鶏の世話があった。学校から帰った後、野菜くずや野草を小さく刻んで配合飼料を混ぜ水を加えて、「ご飯よーー」と食事係は楽しい。

いつものように餌をやろうとしている時だった。一羽の鶏に、何と、大きな蛇（アオダイショウ）が巻きついている。気持ち悪いのと恐いのとで私は何もできず、ただ「かあさーん！」と走っていった。するとどうだ、母はためらうことなく、「こらっー、なんばすっとか！」と言うが早いか、両手でその大蛇をつかんで放り投げたのだ。私はただあっけにとられて茫然と見ているばかりだ。

後で考えた。「これが母性愛なんだ。愛のほうが怖さに打ち勝つんだ」と。ふがいない自分がみじめであった。

カントのように私も「余談」が好きで、もう少し続けさせていただきたい。

アオバトという鳩をご存じだろうか。黄緑と緑の衣装をまとった、それはそれは美しい鳩。森の中で木漏れ日をあびたこの鳥に出会った時なぞ、まるでメルヘンの世界！

次はあるミニコミ誌からの引用である。

「以前、［佐賀県］小城《おぎ》の林の中を散歩している時のこと。小道の前方にパタパタという、ただならぬ音がする。いぶかりながら近づくとめったに見ることのない、あのアオバトだ。羽根を半分ほど開いてぎこちなく動かし、脚は折れたように見える。これはきっと怪我しているのに違いない。

ハトはその不自然な動作で、しかし少しずつ前進しては又パタパタついている。こちらは知らず知らずそちらに誘われたようについてゆく。

するとその時、ハトは急に飛び立ったのだ。僕はあっけにとられて立ち尽くした。何があったのか、しばらく経ってからわかり始めた。

擬傷行為である。あたかも傷を負っているかのように装って、近寄る人、または動物の注意を引きつけて相手に優越感と自信を持たせたまま別方向へ誘導する。弱そうに見せかけて、その実、自分が優位に立っている。この行為の理由はきっと近くにいるわが子を守るためである。一杯食わされた、というより母性愛の凄さに圧倒されてしまった。争いや戦いとは無縁のようだが、逞しいハト！」[3]

母性本能という言葉は、ジェンダー平等の現代ではすんなり受け入れ難い言葉かもしれない。父親にも子どもを守ろうという本能はある。あのハトも父親だったかもしれない。それはさておき、私は父のことを書いていないのに気づいた。多くはないがいろいろな思い出はもちろんある。影響を受けたと言えることを一つだけ挙げておこう。

私は楽器が好きだ。物心ついた時はハーモニカを吹いていた。これが父の影響だと気づいたのはだいぶ経ってからのことだ。小学何年のころだったか、音楽の授業で、みんなでハーモニカを吹いていた。もちろん得意のハーモニカだから、意気揚々と吹いていたに違いない。その時突然大きな怒声が浴びせられたのだ。

「こら！　お前、いいかげんに吹くな！」

怪訝そうな私に、先生は続けた。

「お前、みんなの動きと丸反対だ。勝手に吹くな！」

ハハーっと、私には合点がいった。そうだ、そういえばみんなとはハーモニカの持ち方が左右逆で、したがって高音部はみんなの頭が（先生から見て）左へ動くが私だけは右へ動くのである。これじゃあ先生が怒るのは無理もない。

その後の先生と私の話がどうなったのか覚えていないが、じっくり考えてみてわかった。父が逆の持ち方をしていて、それを幼い私が真似したため癖になったのであろう。このことをあらためて父に聞いたことはないが、私にはそうとしか考えられない。ピアノのある家庭だったら「低音が左」になったはずだが、当時ピアノのある家庭はわが町にはほとんどなかった。結論。父の間違ったやり方が受け継がれ、つまり教育され、ついに直すことができないくらい身についてしまったのだ。父に文句を言いたいような、いやいや大変ありがたいような、妙な気分である。教育の力は恐ろしい？

［仕事］

子を育てるには一人で生活するよりずっとお金が要る。一家を支えるだけの。そのためには（一部の階級以外は）働かなくてはならない。当たり前だが、いや、必須のことだから、ここは大きく扱わなければならない。

ヨハンお父さんの仕事は馬具を作ること。今は（競馬ファンを別にすれば）馬を見かけることはほとんどないが、この人類の古くからの友は運搬手段、交通手段として汽車や自動車が現れるまで何千年もの間とても貴重な存在であった。さらに農地や山林で働く役馬としても重要であった。つまり馬は、今の貨物列車やトラックやトラクターのエンジンであり、馬車は今の自動車だった。

私の子どもの頃、田舎のこととて動物はまだまだ人間と一緒に働いていた。牛は主に田畑で鍬を曳くなどの仕事、馬は材木の運搬などで活躍していた。犬まで主人と一緒にリヤカーを曳いていて、役目を果たした後にはいただいたコッペパンを嬉しそうに食べていたのを思い出すのは楽しい。学校帰りに馬が曳く空の荷台に飛び乗っては得意になっていたのは、僕らより上級生だった。

さて、馬はカントの『自然地理学』の「動物界」の最初に登場する。それほど重要だからだろうが、今私の手元にある動物図鑑の初めの項目は猿で、しばらくして馬となり、「飼養されるのは主として乗馬や競走馬としてのアラブやサラブレッド種で、荷役用の品種は機械にその地位を譲った」と、その説明は寂しいものだが、カントの筆致は生き生きとしたものだ。そこでは世界各地の馬を一〇種ほど挙げて、馬車曳き用、乗馬用などの用途の他、「落着きがあって聡明」とか「よく走るが意地が悪く」(⑯二三四〜二三五)などと、特徴をうまく表現していて面白い。

さて、馬具といえば人が座る鞍、足を乗せるあぶみ、手綱を固定するくつわの他、馬車との連結用具など革を使ったものが多い。ヨハンお父さんは革を裁断したり縫ったりするのが主な仕事だったようだが、さらに留め具などの金属の加工もしたのかもしれない。

ところで馬具とは、原動力である馬と人や荷車・客車を連結するもの。この媒介するものはたとえ主役ではなくてもとても重要な役割を果たす「要」である。後でも出て来ると思うが、

馬具は人と人を結びつける絆について考えさせる。さらに構想力、判断力も観念同士を結びつけ、関係づける能力であることを考えると、馬具は意味深長な道具であることよ。

「馬具は役馬の大きさと型によっても、また仕事によってもいろいろに変化した。たとえば荷馬車を曳くのと鋤を曳くのと作業が違えば異なった馬具が要求された。すなわち車を曳くにはかじ棒を、鋤を曳くには曳き革を用いる引き具がつけられた。（…）」[4]

さて、この職人という階級は今の労働者とはいろいろな点で違っていた。当時、職人は全員同職組合に属していた。パン屋の組合、肉屋の組合などから鞍職、馬具職の……など。そして彼らはさまざまな掟に縛られてはいるものの、見習いから修業を経て一人前の親方となった暁には自信と社会的な評価を得て、自分の職業に誇りを持った堂々たる一市民となったのである。ヨハンお父さんも多くの伝記に「貧しい職人」と表現される階層の人であるようだが、一家を支える頼もしいお父さんであったと思われる。

［手と労働］

ここで物を「作る」、生産するということについて、その原点に立ち戻って一考してみたい。人間の定義はいろいろある。ここでは、理性的生き物（ホモ・サピエンス）や遊ぶ動物（ホモ・ルーデンス）ではなく、物を作る動物（ホモ・ファーベル）を使おう。

人類の誕生は今から約七〇〇万年前という。その時点での人類の定義は、道具を作る動物、である。猿も道具を使うことはある。棒きれで土中の動物を掘り出したり、棒で高いところの木の実をたたき落としたり……。でも道具を作るのはわれわれ人間だけである。それは手で行う。カントも「食べるものや身にまとうものの考案、外部のものからの身の安全や防御の発明、このことのために自然は、人間に牛の角、ライオンの爪、犬の歯ではなく、両手だけを与えた」（⑭六）と手を強調する。

ダーウィンの進化論は、その当時は賛否両論、特に宗教界からは非難ごうごう、蛇蝎のごとく嫌悪されたものだが、今ではまったくの常識となっている。そのダーウィンの時代にエンゲルスは「猿が人間になるについての労働の役割」（一八七六）という文を書いた。

「直立の歩行がまず通例となり、やがて不可欠となるさだめにあったとすれば、その前提となったのは、そのあいだに手にますます別の仕事がふりあてられたことであった。（…）数十万年の労働によって高度に完成された人間の手（…）、どんな猿の手も、ごくあらっぽい石刀をさえ、かつて作りあげたことはないのである。」

そして彼は、手と労働の関係を次のように要約する。

「手は労働のための器官であるばかりではない。それはまた労働の産物でもある。」[5]

この長い労働の歴史の上に「ラファエロの絵画やトクヴァルセンの彫像やパガニーニの音楽」[5]があるのである。

道具の歴史は長い。人類史のほとんどは、木器、石器、青銅器、鉄器などに分けられる道具の時代であった。その後、原動機で動く道具、つまり機械という画期的な発明がなされた。しかしこの機械の時代はまだ二〇〇年少々に過ぎず、しかも人力に頼る道具は不要になるどころか決してなくなることのない人類の伴侶である。

道具は手で使う。この「手」という進化した前足は、人間と他の動物との違いの中では最大のものだろう。手は文明と文化の担い手、殊勲者である。身体のどの部位の中でも、手ほど多くを物語るものはないであろう。

手で物を作る。手仕事だ。機械で大量生産された画一的な製品とは違い、手作りの品は味わいがあり、作者の息吹を感じさせる。だから民芸や手芸と言われて、一種の芸術品として扱われるのだろう。一流の芸術家ではなくとも手作り職人の作る作品は個性的であり、いわば職人の分身のようなもの、わが子のようなものだろう。

ヨハンお父さんもそんな馬具職人であったのだろう。そして、イマヌエルはわが家を仕事場とするカント家で育った、いや育てられたのである。

さて、本書では人生論や世界観の話を中心にしたいのだが、空理空論にならないように、まずは生命のことや仕事のことから話を始めている。これがわれわれ人間のなすこと、することすべての「土台」だからである。

「〜している場合ではない」という表現がある。戦後の混乱にある時、家の者が重病になった時、会社をクビになりそうな時、などなど……。そういう場合は「勉強などしている暇はない」とか「評論家みたいに議論している暇なんかない」とよく言う。最低限の「食う」ことが安定しているかどうかが問題であって、「衣食足りて礼節を知る」と言われる。その前半を無視して生き方を論じるのは「霞を食って生きる」仙人の世界である。

そこで、日本が貧しくて子どもを学校へやることができなかった、一九六〇年頃の話をしよう。子どもへの親の思いはこんなに深いのである。

「勉強させたいが……」

当時から小中学校は「義務」教育であるから、親には子どもを学校へ通わせる「義務」がある。勝手に「行かんでいい」とは言えなかったはずだ。しかし、憲法で「義務教育は無償とする」と明記してあっても教科書は有料であったし、その他学用品なども含めてかなりのお金が要った。これから述べるのは高知県での出来事である。[6]

「(…)」は土佐湾にのぞむ半農半漁の部落である。昔から農地が少なく、漁業といっても細々とつづけるくらいで、仕事らしい仕事とはいえなかった。母親たちの多くは『失対』——失業対策事業に出て働いていた。

母親たちは、毎年、三月をむかえるのがつらかった。


「春がつらい」ということの意味がわかるだろうか。

「教科書を用意してやらなくてはならなかったからである。たいていは、近所や親せきから古い教科書をゆずってもらうが、教科書だからそう何年も使えない。買わなくてはならない子どもも、一人、二人、と出てくる。

そのころの教科書代金は、小学校では約七百円、中学校になると千二百円を超えていた。それを買うのに、母親たちが『失対』で一日働いても、三百円くらいにしかならなかった。三百円では、生活にあてるのに精いっぱい。母親たちの多くは、高利貸から借りることになる。ところが、その利子がずいぶん高い。(…)十日で一割の利子がつく、(…)千円借りても、三カ月もたてば二千円になってしまう。ほんとうにつらいのだった。」

金持ちには、貧しさを心から理解するのは難しいだろう。フランス二月革命(一八四八)直前、ギゾー首相は未権利の労働者に対して堂々と言ったそうな。「諸君! 選挙権が欲しければ、金持ちになりたまえ」。貧しければ、努力して金持ちになればいいと突き放したわけだ。

さて、困った高知の親たちはどうかならんものかと思案した。

「義務教育ちゅうのに、教科書くらいくれんものか」

そして、学習した。

「(…)憲法をさがしてみた。たしかにある。第二十六条である。『すべて国民は、法律の定めるところにより、その保護する子女に普通教育を受けさせる義務を負ふ。義務教育は、これを無償とする。』」

これから親たちは元気づいた。

『これだ、これだ。』と、何べんも読みかえしてみた。まちがいなく『無償』と書いてある。すると、ほしいとか、買うとかいうことではない。はじめから、政府が買いあたえることになっているのだ。」

こうして地域の人たちは一九六一（昭和三六）年、「教科書をタダにする会」を結成し、集会、署名活動などを通して運動は広がり、教育委員会をも動かした。

「このときほど、いろんな立場の人たちが、憲法にくいいって読んだことはなかっただろう。」

そしてその運動は紆余曲折を経ながらも、ついに政府、国会をも動かし、一九六四（昭和三九）年、教科書無償が小学校一年生で実現。その後枠が拡大されて、すべての小中学生が無償となったのである。

生活こそ、思想や理想の基盤である。経済的困難も含めた生活の問題を離れた「純粋な」思想は浮草のようなものであることを、高知の母親たちが教えてくれる。なお、子どもを育てる費用については、「学費」はもちろん、給食費や医療費など、無償化の運動は現在でも大きな課題である。

［仕事と趣味］

親の仕事が子どもを育てるという、当たり前のことを言いたかったのである。ここで、仕事だけでは満たされない人が喜びを見いだす趣味について、また話は脱線する。趣味を逃げ場とするのではなく、仕事と趣味を両立した生き方というものも参考になるだろう。というのは、多くの人は仕事を趣味とし、趣味を仕事とすることはできないだろうから。

私がまだ小学校に行く前、母が読んで聞かせてくれた『家なき子』。この中に、ヴァイオリンの名手でもある床屋のおじさんが出てくる。旅芸人の子ども、レミとマチアはこの人のうわさを聞いて、さっそく巡業コースをその村に向ける。村人に尋ねると「エスピナスーさんを知らんの！　フランス中有名なヴァイオリニストを！　あんたら、よほど遠くから来たんだね」。イタリア生まれのマチアが「僕、イタリアから来ました」とうまくかわしたが……。

さて、その辺にヴァイオリン教室みたいなものは見当たらない。その村人のおばさん曰く、「そこを右へ行くと床屋さんがあるよ」。二人はやっと床屋を見つけたが、どうもピンとこない。でも一応聞いてみた。「あのー、ヴァイオリンのエスピナスーという先生を尋ねているんですが……」。するとどうだ、「私が、そのエスピナスーだ」。室内をよく見渡すと、左側が床屋で、少し見える右側の部屋にはヴァイオリンが壁にかかっている。

それから、タダでは習えないと判断したマチアの思いつきで散髪をしてもらい、その後本題のヴァイオリンの演奏を聴いてもらって指導を仰いだ。その演奏を評価してくれたおじさんは、隣の部屋から古くて分厚い一冊の本を持ってきた。一流の教本であった。そして彼はその最後のページにこう書き入れてくれた。

「将来、大演奏家となるべき少年に、これを贈呈する。エスピナスー」

エスピナスーの仕事はみんなが必要とする散髪業、そして慰めであり楽しみはヴァイオリン。しかしこの話は仕事と趣味についてだけでなく、「教育」の何たるものか、子どもの伸びようとする芽を伸ばすのは何かを、雄弁に物語ってはいまいか。

このように、仕事それ自体と、その他の趣味なり社会的活動なりとが織りなすのが人生だろう。活動とまではいかなくとも、親しい友との温かく励ましあう関係こそ、その人の心の充実の元であることもあろう。

有島武郎の『生まれ出ずる悩み』には、画家志望の青年が出てくる。家業の漁師を継ぐべきか、それとも東京へ出て画家の道に挑戦するかと悩んでいる。厳寒の北海道。魚の匂いプンプンの紙に包まれた自分の作品を抱えて、吹雪の中、作者を訪ねてやってくる。助言を得たいのだ。

そして、彼は漁師となった。ずっと絵を描き続けて……。

［生きるための仕事と社会的な活動］

このようなテーマは、賃労働だけに満足できない人にとって重要なものであるはずだ。

大学卒業後、私は教師となったが、仕事を辞めようかと悩むこともしばしばあった。しかし幼子の寝顔を見ていると、なかなかふんぎりがつかない。転職がうまくいけばいいが、それもままならぬ。

私は就職した当初から教職員組合に入っていたが、最初は特に熱心な組合員とはいえなかった。しかし労働条件のことを中心に組合の、というか労働運動の重要性をひしひしと感じるようになり、少しずつ役を担ったり、いろいろな集会に参加したりするようになった。

組合での活動は、一個人の取り組みではない。同僚だけではなく、目に見えない多くの人々とともにする社会的運動だ。文字通り腕組み合う社会的・歴史的活動だ。

ある年、私は東京の集会に参加した。教育基本法の改訂に対する反対の全国集会である。国会での文科大臣の答弁も傍聴したが、圧巻は野外での大集会であった。そこには全国から集まった数万人の人々が、幟旗の林の中で歓声をあげていた。教職員組合の他、某県労連とか某建交労などの文字を一つひとつ、あたかも知人を探すかのようにかみしめて読んだ。私はこの時、全国の何百万という働く人々との結びつき、慰め励まし合う者同士という連帯感を心底味わったのである。

後に書く家永三郎氏との文通もこのような中で実現したし、一人の生活のための、一家の生活のための仕事という狭い見方を越えて、全国の視野の下に働く意義を充実感をもって味わうことができた。もちろん仕事のきつさはつきまとったままであったが。

［きついが、なしで済ませぬ仕事］

仕事はいろいろ変えることはできても、仕事自体をやめることはできない。ここでカントの話に耳を傾けよう。

「煩わしいが避けがたい労働も朗らかに遂行することができるし、またそうあるべきである。それどころか、死ぬときでさえも朗らかに死ぬことができるし、そうあるべきなのであって、というのもこのようなことはすべて、鬱々と気難しい気分でなされたり耐え忍ばれたりすると、その価値を失うからである。」⑮一八三）

「できる」、「べき」と、いかにもカントらしい前向きの構えだ。

第三章　考える

［求めるものは……］

最初に書いたように青年期の私は、自分のあり方、生き方その他宇宙のことまでぼんやりした問いが湧いては消え、解決への道を少しは前進したかと思えば、そんなことはない、堂々巡りをしている、足踏みを繰り返しているのに気づくばかりであった。そういえば久住山の頂上付近で霧に包まれたことを思い出す。夕方であったので急いで下山しようと早足で歩いたところ、何と元の避難小屋の前に戻っていたのに気づいた時の、あの底知れぬ不安。

カントも、この堂々めぐりの状態に陥った当時の哲学についてこう述べて、しかも笑う！

「他の学問は絶えず進歩しているのに、みずから知恵そのものをもって任じ、何びともその有難いお告げに伺いを立てているところの形而上学［哲学］だけは、相変わらず同じ場所で堂々めぐりしていて一歩も前進しないのは、いかにも笑止である。」⑥一八八）

頭の中はこのようであるのに、一方生命の営みは一刻も立ち止まるどころか、細胞は外界と絶えず物質代謝を繰り返し、身体は一個の全体、小宇宙として有機的に完結しながら目には見えない躍動を続けている。

この堂々たるすてきな肉体に対して、心・精神の何と頼りなく貧弱なことか。しかし、身体に宿るこの心は、宿主に対してそれ相応の対応をしなければプライドが許さない。宿主に感謝し、それ相当のお返しをしたいものである。そして願わくば、心身和合して美しいハーモニーを奏でたいものだ。

さて、カントが世界観・人生観の根本についての問いを抱いてまず着手したことは、「知る・考えるという働き」を徹底的に調べることであった。吟味する、というべきか。これは勉強して知識を増やせば到達できるような性質のものではない。自分で考えなければならない。この自己吟味をおろそかにして、いろいろな「知識」や「意見」を鵜呑みにし、それを雪だるま式に膨らませて自分の主義・主張にしていることはないか。カント先生は自分の授業の予告（正確には「一七六五―六六年冬学期講義計画公告」）で、学生に向けてわかりやすく述べている（③二一五〜二一六）。

暗記中心の学校は「学校製の先入見」を大量生産するが、「この先入見は並みのものより頑なであるうえに、たいてい、馬鹿さ加減で上を行く。どんな自惚れよりも盲目で、無知より癒し難い若い思索家の性急な饒舌もここから生まれる。」

自分で考えることをしないものだから「理性もどきをつまみ食い」し、「身につける学問は借り着で」、「知恵がついたと思い違うことで、よほど始末に負えない。」

さらに彼の語調は強まる。

「こういうわけで、悟性のかけらもない学者（ただ学んだだけの者）によくでくわす。そして、大学は他のふつうの場所より多量に空の頭を世に送り出すのである。」

何とも痛烈な学校批判である。

以上のことから、カントによる学生指導の要点は、考えることを訓練することとなる。

「学生は考えでなく、考えることを学ばねばならない。将来、学生が自分で歩くことができるように望むなら、運んでやるのでなく、先導しなければならない。」

これは彼が後に書いた有名な文、「哲学は決して学ぶことはできない。（…）ただ哲学することを学びうるのみである」（⑥一一五〜一一六）と同じ、哲学的精神を表わしている。

この知るという働きの研究を、カントは高名な解剖学者ゼンメリングへの手紙でうまく表現している。

「あなたは見える世界の優れた解剖学者であられますが、私は見えない世界の解剖に取り組んできました。」（㉒二七六）

さて、考えるということは問うことである。だが、例えば宇宙は無限か、時間とは何か、魂は不死かなどの問題には、そう簡単に答えが見つからない。答えはあってもさまざまで、数学のようにはいかない。このことを彼は『純粋理性批判』の初めで次のように述べている。なかなかの名文だが、考えてみれば平凡なことである。

［理性の運命］

「人間の理性は特殊な運命を背負っている。すなわち理性が斥けることもできず、さりとてまた答えることもできないような問題に悩まされるという運命である。」（④一五）

本書も、「悩み」について考えることから始まった。ここでカントは、知的な悩みについて触れている。この悩みの原因は何か。

「斥けることができないというのは、これらの問題が理性の自然的本性によって理性に課せられているからである、また答えることができないというのは、このような問題が人間理性の一切の能力を越えているからである。」（同）

つまり、問いはあるが答えがないという。そのような結論を出すに至った彼の「決め手」は何であったか。

［批判という方法］

それは、「批判」というメスである。次の文は現代でも通用する、何と生き生きして自信に満ちた文章であろうか。

「現代は、まことに批判の時代であり、一切のものが批判を受けなければならぬ。ところが一般に宗教はその神聖によって、また立法はその尊厳によって批判を免れようとする。だがそれでは宗教にせよ立法にせよ、自分自身に対して疑惑を招くのは当然であり、また理性が自由

率直な吟味に堪え得たところのものにのみ認める真正な尊厳を要求することができなくなるのである。」（④一八）

ところで、ここでの批判とは非難の意味はまったく含まず、あるものの吟味という意味である。

「私がここに言うところの批判は、書物や体系の批判ではなくて、（…）理性能力一般を批判することである。従ってまたこの批判は、形而上学［哲学］一般の可能もしくは不可能の決定、この学の源泉、範囲および限界の規定ということにもなる。」（④一八）

見えない世界の解剖者カントは、この「批判」というメスで理性の真相を究明した。つまり人間の考えるという働きの特性と限界を明らかにしたのである。この限界を知るということは、消極的なようであって実はとても強力な、自信に満ちた新しい力をわれわれに与える宝刀である。

ここまでは歩いていいが、その先は絶壁だからダメ、と彼は忠告、いや警告する。彼はただの道案内人なのではなく、「人が誤った道に迷い込まないように」（⑦三五六）立ち入り禁止の札を立てる「非」道案内人でもある。

ここで私は、少年の頃の「この先は危険」という体験を心底からしたことを思い出す。

私の故郷は百年ほど前、金山で金の採掘をしていた。[7]閉山後はあちこちに洞穴が残り、何と入口は開きっぱなしだったので、少年たちの恰好の遊び場、いや「肝試し」の場であった。数人で横穴に入る時、先頭としんがりが特に怖い。しばらくは外からの光でぼんやりと先が見えるが、そのうち、「お先真っ暗」となる。まさか、闇に歩を進める度胸はない。地面の石ころを手さぐりで拾って前方へ投げてみる。「トン」と音がすれば大丈夫、少し前進する。又、投げてみる。今度はすぐに音はせず、しばらく経ってから地の底に落ちたような鈍い反響だ。これは「縦坑」だ。僕らはゾーッとなって引き返す。

［**認識する**］

では、「認識」とはどういうことか。認識論に入ろう。

「人間的認識の二つの幹、すなわち、感性と悟性（…）、前者によってわれわれに諸対象が与えられ、後者によって思惟される。」（④六六、九〇）

当たり前のことだ。「われわれの悟性が感性的な諸感覚としての生の素材を加工する」（同五五）という表現は、料理を連想させてわかりやすい。

しかし私は対象が感覚器官に「現象」するということについて、幼い頃の体験を忘れることができない。それは「色盲検査」である。大多数の人には関係のない少数者の体験だが、差別の問題も含むのでしばらく付き合っていただければと思う。

「色盲」という言葉は、今ではあまり聞かないかもしれない。でもひと頃、といっても二〇年ほど前までは、「色盲検査」、正確には「色覚異常検査」というものが、法律に基づいて全国の学校で一斉に行われていたのだ。

戦前、石原忍という軍医が考え出した色覚の検査表、いわゆる「石原色覚検査表」というのがある。小さな色とりどりの、大きさがまちまちな丸がいっぱい集まっている。その色の並び具合によって、ある表は「6」に読め、ある表は「12」と読める（そうだ）。しかし、私にはただ無秩序に色が散らばっているだけで文字の態をなしていない。

小学何年生だった覚えていないが、その検査の時、「これは何?」という先生の問いに私は返答できないでいると、周りの者は寄ってたかって「これ、読めんの!」「ばーか!」「かわいそう!」などと馬鹿にし、憐れむ。この大変な状況で、教師は何の教育的な指導もしなかった（できなかった?）。

結局、私などは「色覚異常」、「赤緑色弱」という烙印を押されて学校の公文書に記録され、就職や進学の際に提出する調査書には「色覚異常」の欄に繰り返し「色覚異常」というゴム印が押される。人権意識の低い生徒は私に向かって「異常!」とからかう。

しかし、この異常は日常生活にほとんど影響のない代物なのだ。問題は軍隊で「選別」のために必要とされた極めて精密な検査を、「民主主義の戦後」も無反省に学校で義務づけたということだ。こういう例は日本だけだという。詳細は省くが、長い反対運動を経て現在は学校での強制実施は廃止され、したがって調査書にもその欄はない。しかし私は小学時代に「お前は医者にはなれない」と言われたし、高校時代には私の「電気は見えないから工学部の電気科は行けるでしょう」の問いに先生は「電気に色はないが、配線は虹色みたいにたくさんの色があるので、電気科はやめた方がいい」と答えた。大学の教授に手紙を出したら「宇宙線のスペクトル分析や鉱物の顕微鏡写真などでは苦労するかもしれませんが、やってやれないことはないでしょう」とあいまいな返事。他にもいろいろあったが、結局私はめざす進路の「方向」を変えた。

さて、色覚検査とカントとはどんな関係があるか。

カントは個人間の感覚の違いを問題にはしていない。しかし対象（本体）が感覚器官に「現れる」という事実から出発している。当時の私にとって、この「現象」ということに思いをいたし、「思考」と対にして考えたことはいい体験であった。私にはこう現れ、あなたにはそう現れる、ということであって、「正しい」とか「間違い」とは言えず、ましてや「馬鹿」とも言えるはずがない。幼い私はそう考えていたから、「馬鹿と言っているお前の方が馬鹿だ！」と逆に馬鹿にしたかどうかは覚えていないが、何の劣等感も感じず、かえって「虫が見ている世界は？」などと小カントのような堂々たる子どもであった。

「知ることのできる世界」

私たちの認識は現象の世界に限定される。すなわち、感覚器官を通して得られた内容を、空間・時間という「形式」で捉える。さらにわれわれに備わっている思考の「形式」によって、つまり量・質・関係・様相の範疇によってそれらを秩序立て、加工することで知識となる。しかしさまざまな問い――世界に始まりはあるかとか魂の不死などの問題――には矛盾する答えがでてきて、壁にぶつかってしまう。つまり、「経験」を越えた問題に対しては、われわれを満足させる正解がないのである。そしてこの難問を解くために、カントは弁証論という種明かしに全力で集中する。

この辺のことを、カントはメンデルスゾーン宛の手紙でこう説明している。

「(…)理性が可能的経験のすべての限界を越え出ようと試みる時みずから巻き込まれる諸困難の解決は、おのずとあたえられるでしょう。批判がもともと持っている楽しさがはじまるでしょう。その迷宮内で人はあらゆる瞬間に行き惑うのですが、そのたびごとに出口を発見するのです。」(㉑一九二)

上手い比喩だ。迷路の中で右往左往しないよう、批判という導きの糸を頼りに哲学散歩を楽しむ。楽しむ、とはまた何という喜びに満ちた自信!

「これを知る者は、これを好むものに如かず。これを好む者は、これを楽しむ者に如かず。」(『論語』)

しかし、この導きの糸がない時の不安はどうだ。皆さんは山登りの際、山道でないところを歩いた経験がおありだろうか。私はもう何度も登っている地元の山で、ある時、道なき道へ入り込む冒険をやったことがある。「ここから方向を変えて未知のコースをとってみよう。きっと前歩いた道へたどり着くはずだ」と。ひどい藪の中ならともかく、適度に樹々の間が空いているところは歩くのに困難はない。ただ、常に自分が進む道を作らなければならない。選択の連続だ。そういえば誰かが書いていた。「登山道を歩くのは山登りではない。道なき道を歩くのが山登りである」と。

その山登りを試みたのだが、途中で途方にくれてしまった。陽はだんだん傾いていく。心細いったらない。でも、じっとしていることはすべてを放棄することになる。目をつぶって冷静に考える。そして弱くなった陽の光を頼りに、道なき道を進みに進んだ。

遭難はしなかった。しかし、「道なき道」にいる自分の底知れぬ不安は、私の心に容赦なく刻まれた。ただ、微かな陽の光が導きの糸であったことは確かだ。

「ほんとうらしく見える世界（仮象界）」

このような「迷い」の世界、不確かな世界、行き当りばったりの迷路で、野垂れ死にはしたくないものだ。

ところで、私たちは真理だけを持っているのではない。私たちの持ち物には、先入見や不確かな知識というものが少なくないのが実情だ。カントは真理の世界と空想（仮象）の世界を、島と海に譬えて印象深く説明する。

「われわれはいまや純粋悟性の国を遍く巡り歩いて、この国のあらゆる地方を仔細に観察し

てきただけでなくて、国中を端から端まで踏査して、その国土に存する一切のものにそれぞれ然るべき位置を規定した。しかしこの国は一つの島である。そして自然そのものによって一定不変の限界をめぐらされている。」（④三三八）

つまり知性についてその性能をすべて調べた、と。しかしその限界をこそしっかり自覚しなければいけない、と。

「この国土は真理の国（いかにも魅惑的な名称だ）であり、波立ちさわぐ渺茫たる海に囲まれている。そしてこの大洋こそ仮象のまことの棲み処なのである。ここには霧堤と呼ばれる濃霧の厚い層と、たちまち溶け去る数多の氷山とがあって、望み見る人をして新たな陸地と思い誤らしめ、また発見を求めて群れつどう船人達を絶えず徒な希望をもって欺きつつ彼らを冒険の淵に捲き込む。しかも船人達は彼等の希望を捨てることもできず、さりとてまたこれを成就することもできないのである。」（同）

無謀と勇気は別物である。私たちは導きの糸を頼りに勇気を持って確固とした真理の世界に立ち向かおうではないか。

［理性批判の出発点とその行先］

ここでひと休み。カントの強靭で精緻で長続きのする哲学的思考は、そもそも何が動因だったのだろうか。彼は晩年に己が人生を振り返って友に次のように書いている（一七九八年九月二一日、ガルヴェ宛）。

「私の出発点となったのは、神の存在、不死等の探究ではなくて、純粋理性のアンチノミー［二律背反、矛盾］でした。すなわち『世界には始まりがある――世界には始まりがない等々から始まり、第四アンチノミー、すなわち人間には自由がある――これに反対で、自由はない、一切は自然必然性である、までです。』このアンチノミーこそが、私を独断論のまどろみからはじめて目覚めさせ、理性批判そのものへと駆り立て、こうして理性の見かけ上の自己矛盾というスキャンダル［不名誉］を取り除いたのです。」（㉒三八一）

この理性の行きづまり、自己矛盾の解明を終えた後、カントは次のように述べて、読者に自分自身も考えるよう促す。

「これが宇宙論的アンチノミー、すなわち理性がその原理を感性界に適用する際に、つい巻きこまれるところの全アンチノミーの提示と解決とである。矛盾の解決のほうは、事によると読者をまだ十分に満足させなかったかも知れないが、しかしアンチノミーの提示だけでも、人間理性がどのようなものであるかを知るうえに、著しい功績があったことと思うのである。なお読者は、この矛盾の解決に当たって、人間理性に自然的な仮象の除去に努めなければならない。(…) 感性の対象を、(…) 単なる現象と解しない限り、理性の自己矛盾を脱却することは不可能である。(…) 純粋理性の本性に深く思いを致しさえすれば、理性のこのような自己矛盾をそれのみが解決し得るところの諸概念[理念]は、すでに自分によく知られていたものであることを覚るであろう。」(⑥三一九〜三二〇)

これを読むと前出の「理性の特殊な運命」がより理解しやすくなったであろう。

この「理性の見かけ上の自己矛盾」の解明の鍵は、悟性[知性]とは別の理性の働きにある。いわゆる科学的知識を一つにまとめる(統《す》べ整える)のが理性の本領であり、個々の知識を「理路整然と」統一するには理念というものを必要とする。世界の全体性とか自由という理念が前提されなければならない必然性がある。必要不可欠、というべきか。これがわれわれを理論的にも、そして実践的にも「導く糸」であるという。

しかし、理性は整理することができるだけであり、決して物(対象)そのものについての新たな認識を与えるものではないということを忘れてはならない。原典ではこうなっている。

「理念は、経験の与え得る対象に関する認識以上に我々の認識を拡張するための構成的原理ではなくて、経験的認識における多様なものの一般に体系的統一を与えるための統整的原理なのである。」(⑤三四八)

なのに、理性が認識を拡張しようと越権的なふるまいをすると、いろいろな間違いが起きるというのである。そしてカントは、次のような表現をすることがしばしばである。

「世界における物は、あたかもこれらの物が最高叡知者［という理念］からそれぞれその現実的存在を得るかのように見なされねばならぬということになる。」（同）

［哲学的な態度］

先ほど、批判的思考をメスに譬えた。が、元々Aを知るということはAとそれ以外（Bやその他）との違いを知る、区別することだろう。「分かる」という言葉も「分ける」から来たものだろう。違いを知るということは、限界を知ることにもつながる。特別難しい事柄ではない。

しかも、この「限界を知る」ということは前述したように不確かな世界に迷い込まないように道案内をするだけでなく、私たちにある強さを与えてくれる。カントから知人への手紙にこうある。

「理性の能力を、しかし同時に理性使用の限界をはっきり認識することは、善であり有益である一切のものについて安心させ、しっかりとした決然たる態度を形成します。」（㉑二五一）

この決然たる態度、哲学的精神は、本書の第六章でも発揮されるだろう。

この自信みなぎる言明は、あちこちに見出される。『活力測定考』（一七四七年、執筆は一七四六年）の初めには、二二歳の若々しいカントがすでに大哲学者の片鱗を現わしている。

ここでカントは、最初にセネカの言葉を引用して「わが道を行く」宣言をする。

「もっとも肝要なのは、家畜のように、行くべきところに行かず、連れて行かれるままに先

導する群れに従って行くことをしない」（①九）

「私は本書をゆだねる世人の判断をなんとしても高く評価しているのであって、先人に反対するという不遜をおかしてもそれが悪事と見なされることはあるまいと考えている。（…）今日ではニュートンやライプニッツのような人々の声望も、真理の発見の妨げになるようなものであれば、あえて重視するには及ばないし、また悟性［知性］が進んでゆく途［道］以外のいかなる説得にも従う必要はないのである。」（同）

名だたる権威者も何するものぞ、という気概である。

また、「自分で考えるとは、真理の最上の試金石を自分自身の中に（つまり自分自身の理性の中に）求めることである」（⑬八七）と言い、「思考における自由はまた、自分自身に課する法則以外のいかなる法則にも服従しないことを意味する」（同八四～八五）と。

威風堂々たるカント。小柄なカントが、まさに巨人に成っている。

［ただの寄せ集めではなく］

これまでは批判という方法・考え方を中心に述べてきた。実はこの「純粋な理性の批判」は、理性の構築する哲学体系の予備学にすぎない。が、木の根っこのように地味であるがすべてを支える土台であり栄養を供給する命の源である。堅実な学問を打ち立てるための批判的営みを、カントは建築術に譬えて、次のようにうまく説明している。

「(…)理性による認識の全体を一個の建築物に見立てるとする(…)。我々は先に(…)建築材料を見積り、これらの材料を用いてどんな建築物ができるか、又その建物はどれほどの高さと強度とを持つものになるかを決定した。(…)初め我々は、天にも届くほどの塔を建てる積りだったが、しかし手持ちの材料は一軒分の住居を建てるだけしかなかった。それでもその住居は、経験という平野で我々の仕事を営むには広さもちょうど手頃だし、またこの平野を見渡すには高さも十分である。だが、塔を建造しようとする無謀な企ては、(…)すでに手持ちの材料の不足から失敗に帰せざるを得ない。(…)しかしいま我々が問題にしているのは、材料ではなくてむしろ設計である。我々は、自分達の全能力を超越するほどの無暗な計画の実現を企ててはならない、という警告を受けている。そうかと言って我々はまた堅牢な住居の建設を断念するわけにはいかない。そこで我々が問題にしているのは、我々に与えられていてしかもまた同時に我々の必要を充たすに恰好な材料に適合するような建物を設計するということである。」(⑥九)

つまり、私たちに備わっている思考能力だけを使って、すなわち不確実な仮定や想像などは追い払い、理性(理念)によって描かれた設計図に従って、しっかりした知的世界を作り上げよう、というのである。

さて、大部で難解な『純粋理性批判』の一部を引用しながら、「考える」ということについて少し考えてみたが、この末尾にある感動的な文章で一応の区切りとしたい。

「（…）そうするとまだ残されている道は、批判的方法だけである。諸君は私といっしょに、この批判の道を遍歴する好意と勇気とを持たれた。もし諸君が、この小径を坦々たる大道にするために応分の寄与を致されるお気持ちがおありなら、これまで数世紀かかっても成就し得なかったところのことを、この世紀が過ぎ去らぬうちにも達成できるのではあるまいか、ということをひとつ判断して頂きたい。そしてそれは、人間の知識欲が常に解決を図りながら、今日にいたるまで遂に成功しなかったところの事柄について、人間の理性を完全に満足させることにほかならないのである。」（⑥一三〇）

茨の小径ではあるが、いずれ大道になるかはあなたたちの肩にかかっている、と。

この道は終わることはない。いつも途上である。だから彼は哲学（本来の意味は「知恵を愛し求めること」）について、名文を残した。二度目の引用である。

「哲学は決して学ぶことはできない。（…）ただ哲学することを学びうるのみである。」（⑥一一五～一一六）

その通りであるが、ここで「哲学」という語について、蛇足かもしれないが一言述べておきたい。なぜならこの語には人を煙に巻くような、あるいは後ほど第九章で出てくるように、役立たずの空論として敬遠される向きがあるからである。

カントは哲学（哲学する、という意味も含んだ）を二つに分ける。一つは学問的な哲学、もう一つは人生に指針を与える哲学である。この本では主に後者を中心にしている。人生の導きの糸、生と死についてや宇宙における人間の地位、そしてその中での生き方などについての実践的思索と自己決定である（これは第五、六、九章でより具体的に扱うこととなる）。ここでは、カントは常識から離れた特別難しいことを言っているのではないことを付け加えておきたい。

［健全な知性］

確かに彼の文章はかなり難解で、その精緻で論理的な思考展開についていくことは大変だが、複雑な衣装をとっぱらえば、本体は意外と単純であると言えそうだ。わからないことはわからない、と彼は率直に述べる。この素直さがいい。

しかし、それはただわからないというのではなく、根拠を示して「このような問いに対しては一つの正解というものはない」というのである。カントは論理的思考だけを重んじ、天才的なひらめきや霊感のようなものとは一切縁がなく、一般人の素朴な考え方の味方である。

「すべての人に備わっており、且つ腐っていないという意味で、諸学問を健全な人間悟性［知性］の場所まで引き下ろす――哲学を介して。裁判官であり試金石である健全な悟性。」（⑮三五七〜三五八）

「結局すべては普通の健全な悟性のあの簡素さを目指すものであり、哲学はそのための道具なのである。」（⑮三四六）

「学問は普通の悟性を支援するに止め、（…）」（⑮三五九）

さらにユーモアを交えた風刺的な文もある。

「健全な悟性は農夫の食卓に上る牛肉や豚肉のようなもので、他方、愚劣のシチューに頓知のソースが効いたものは、王侯の食卓用である。」（⑮五〇四）

［ほんとうの学問］

だから私たちが求める学問・哲学は、空理空論で人を誤った方向に導くことのないよう、前にも書いたように目的地への道案内とともに「立ち入り禁止」をしっかり表示しなければならない。

「哲学の義務は（…）まやかしを取り除くにあった。」（④一九）

「哲学の懐疑が廃するのは有用な確信ではなく、不要な確信である。哲学は害になるかもしれない仮象を廃する点で有益である。」（⑱二五三）

［思考の世界における革命家］

ここでカントは当時どのように評価されたかいくつか例をあげてみよう。まずは、シュティリングからカント宛の手紙より。

「あなたの哲学は、ルターの改革よりもはるかに偉大で、はるかに祝福され、はるかに普遍

的な革命をもたらすでしょう。」（㉑三一八）

実はこの文の前に、そのような結論が出るに至った経緯が述べられている。それまで思想的に不安定であった自分が、カントの本を読むことによって目が覚めたというのだ。

「私はこうした不安の中にありましたが、（…）数本の論文が私の目にとまりました。道徳法則について論じたものでしたが、私は急に温かな気持ちになりました。あなたのご著書は難解であるとの悪評が広まっていますし、あなたの論敵たちは、あたかもあなたが宗教にとって危険な人間であるかのような噂話を撒き散らしていましたので、私は怖じ気づいておりました。しかし、（…）まず最初に、シュルツの『純粋理性批判の解説』を読みました。私は読み、すべてを理解しましたが、それにつれて眼から鱗が落ち、心は広々として、安らかな感情がしみわたってきました。こうした安心感を、私はかつて味わったことがありません。」（同三一七）

と、五〇歳に近い大学教授が青年のように生き生きと書いている。彼はいよいよ原著を手にする。

「そこで私は『純粋理性批判』を読み、さらに『実践理性批判』を読みました。何度も読み返して、すべてを理解し、把握して、私はいまや、いたるところに必当然的な真理と確実性を見出しております。神があなたを祝福してくださいますように！――あなたは神の御手にある偉大なとても偉大な道具です。お世辞を申し上げているのではありません。」（同三一七～三一八）

少し後になるが、ハイネにはもっと激越な表現が見られる。[8]

「思想界の大破壊者であるイマヌエル・カントは、テロリズムではマキシミリアン・ロベスピエールにはるかにまさっていた。」

「フランスでは物質的な暴動がおこったと同じように、われわれドイツ人はふるい立って、むかしからの独断論をぶちこわした。」

要するにフランスでは政治・社会革命が、ドイツではカントによって哲学・思想革命が起きたと総括する。

さらにこういうのもある。

「すべてを破砕するカント」（㉑四三三）

「巨大な猛獣」（㉑二四八）

ただし、カントがただの破壊者ではなく建設的、未来志向的な思想家であったことは、この本全体で明らかになるはずである。

【注】

1 『蝶の不思議の国で』（F・シュナック、青土社、一九九七）

2 カントの伝記は主に同時代人が書いた『カント　その人と生涯——三人の弟子の記録——』（ボロウ

スキー、ヤッハマン、ヴァジヤンスキー、創元社、一九六七）や最近の『カント伝』（M・キューン、春風社、二〇一七）などを使った。

3 『大村　年金者しんぶん　381号』（全日本年金者組合長崎県本部大村支部、二〇二三）

4 『技術の歴史』5（C・シンガー他編、筑摩書房、一九七八）

5 『猿が人間になるについての労働の役割　他十編』（大月書店、一九六五）

6 『にんげん　中学生』（解放教育研究所、明治図書出版、一九九〇）

7 『波佐見史　下巻』（波佐見町挙育委員会、一九八一）

8 『ドイツ古典哲学の本質』（H・ハイネ、岩波書店、一九七三）

第Ⅱ部

外なるもの――「他」の世界

第一部では「自分自身」を見つめた。さて次は自分の外、自分が生まれ落ちた場、環境、社会、世界である。これは内省を深め充実させればわかるというものではない。昔、エピクテートスは、自分にとっての世界、つまり思索の対象を「意志の範囲内にあるもの」と「意志の範囲外にあるもの」に分けて、自由は前者にしかないと結論した。私はそれほど簡単に割り切ることはしないが、ここで扱うテーマは彼の言う「意志の範囲外」の世界にほぼ当たる。

この世界はあまりにも多様であり、変化に富んでいる。大きく分けると自然と社会。人の手のかかっていない巨大で強力な宇宙とその中の一つの星・地球、その表面でうごめく動物や植物たち。そしてわれわれヒトという一動物。

一方の人間社会は、長い地球史の最後の幕を演じる。その幕は善悪何でもありの絵巻物である。歴史書には心躍るような楽しいことよりも、破壊的で残忍な所業の方がはるかに多いのではないか。しかも人間は自分が作り出したもの（武器も含む）の巨大化のために、その扱い方に手こずってはいまいか。

しかし、人々は社会のあり方をよりよきものへ変革しようと努めてきたし、多くの犠牲の上に「自由」度は増してきた。その動力は民衆、虐げられた、自由を求める人々である。もちろんリーダーはいたが、それは指揮者であって、実際に音楽を奏でたのは一人ひとり名前を持った個々人であった。

さあ、私たちの生きているこの自然と社会に、近づいていくことにしよう。

第四章　自然・宇宙

第Ⅰ部では自分の内面を見た。私たちが求める「真理」は、私たちの理性を離れて理性とはまったく無関係に「存在」しているのではなく、私たちに備わっている感性の形式（空間と時間）と思考の形式（カテゴリー）によって「構成」されたものだということだった。したがって認識の対象となるのは現象世界に限られ、「内容なき思惟（直観なき概念）は空虚であり、概念なき直観は闇」（④一三〇）となり、両者が共同して知識の世界、真理の世界が成立するが、理性が背負っている「特殊な運命」に立ち向かい、それを解明するということがカントの大きな仕事であった。

ただし、カントは少年のころからそんなことを考え詰めていたのではない。誰でも最初の知的関心は動物や植物や星などであり、さらに嵐や火事や地震などの災害を経験しながら「世界」を体験し、百科事典的な知識が増えていくものだ。

［地上の自然］

私の故郷の道端には、「天に星、地に花、人に愛」という標語があった。この二番目だ。芸術家である神は美しい渓谷や崇高な岩山、穏やかな白砂青松などを作った、という表現もある。芸術としての自然に思いを馳せる時、どうしても自然にはある目的が秘められていると想定せざるを得ない。まったくの無秩序、混沌とはだれも考えないだろう。「偉大な芸術家である自然」（⑭二七八）の合目的性は、認識したり推論したりはできないが実践的な場合においては重要な働きをする「理念」である。

「この理念は理論的見地においてはたしかに足が地につかない感じのものであるが、しかし実践的見地においては（たとえば永遠平和という義務概念に関して、あの自然の機構をそのために利用するという見地においては）教理的であり、またその実在性に関しても十分根拠あるものである。」（同）

それでは自然の中へ入ろう。自然の懐に包まれた時、私たちはどういうものに「成る」だろうか。エマソンは次のように自然を讃える。[1]

「森の入り口にくると、驚きに襲われた世俗の人間は、大きいとか小さいとか、賢いとか愚かだなどという都会じこみのものさしを捨てずにはいられなくなる。こういう聖域に足を踏みいれると、習慣というナップサックが、とたんに背中から落ちる。ここには、われわれの宗教を恥じいらせてしまうほどの神々しさがあり、われわれの英雄たちの声望を曇らせるほどの真実味がある。」

さらに、「荘厳な美」、「治癒する力」、「おのれの愚かさを恥じ入らせ」、「宮殿の醜さ」というような言葉が投げかけられる。

自然との一体感をもっとダイナミックに感じられるのは、一人で野外に走り出す時である。アラン・シリトーはその時の気分をこう表している。

「霜のおりた凍りつくような朝、おれは五時に起き、（…）いくつもの廊下を抜けて下へ降り、大きな表門のところまで出てきて、（この気持ちわかってもらえるかどうか）まるでこの世の最初で最後の人間みたいな気持ちを味わいたいからなんだ。（…）おれはシャツとパンツだけで出口に立ち、（…）地面の霜の花を見つめている。泣きだしたい気持ちだろうって？ おあいにく。この世で最初の人間みたいな気持ちがしたからって、泣きたくなるもんじゃない。あの寮の中に三百人もの連中と閉じ込められているよりか、五十倍もいい気分だ。（…）おれは、こんないやな感じは蹴とばし、この世で最初の人間のように行動するのだ。そう思うと気分はよくなり、その気分がじゅうぶん身体じゅうにみなぎるのを待ちかねて出口からぴょんと飛びだし、韋駄天走りに駆け出すのだ。」[2]

［自然地理学］

カントは抽象的な難しい本ばかり書いたのではない。四〇年間も続けたという自然地理学の講義は大変な人気で、市民やさまざまな階層の人々が聴きに来たそうだ。全集の第一六巻に収められたものを読むと、天文台や博物館、動物園や植物園などを見学しているようでとても面白い。

何より、面白がっているのはカント先生自身である。三〇代の彼が自然地理学の「教科書はまだ一冊もない」(②二六二)ので自分が作るという意気込みで書いた自然地理学講義の予告にはこうある。

「ただでさえその快適さによって注意力を大いに楽しませてくれるこの学問」(同二六九)

さて、この第一六巻『自然地理学』から一部を抜粋してみよう。この一冊は太陽系から始まるスケールの大きさで、読む者を宇宙的視野から「花咲く大地」へと案内する楽しい旅である。

◇氷海の流氷と流木――この部分は、第三章の「仮象」の比喩としても使われている。

「流氷は(…)遠く離れたところからはその塊が街のように見える。(…)その海域を包む霧に阻まれて、視覚が欺かれていることに気づかず(…)」(⑯一〇七)

◇動物――馬については第二章に出てきたので、その他の二、三を抜粋してみよう。

「皮膚を収縮させることができるので、そうした皮膚でハエを捕まえることができる。(…)水は濁らせてからしか飲まない。ウマよりはるかに走るのが速い。」(同二四四)

これはゾウのことである。その他、ラクダはダンスも覚えるとか、ヒョウの肉はうまいとか、本当かどうか調べてみたくなる。

◇鉱物――化石について、「地球の太古の姿を少しは推理できるであろう」というのは、示準化石として地史を理解するのに役立つということだろう。「ときには、われわれがその元の姿を知らない、非常に大きな動物の歯が見つかることもある」というのは恐竜のことか。「アンモナイトはオウムガイの化石である」と、貝ではなくイカの仲間であることをすでに知っていたとは！　私も少年の頃、川遊びの最中、岩についている貝の化石を「発見」して感動したことがある。大規模な博物館のような豪華さはなくとも、私の頭の中にある陳列棚には今もその貝の化石が残っていて、人類がまだいない地球を想像することがある。

以上、一部を取り出したが、この自然という世界は何と多様で美しく、不思議な世界であることか。

さて、自然はわれわれに多くの恵みを与えてくれる一方、さまざまな災害で人々を苦しめ悲しませる。その番付は地震・雷・火事となろう。

地震についてカントは、一七五五年のリスボン地震をきっかけに三つの論文を発表している。発生の原因や津波その他の現象についての研究だが、ここでは二点、地震対策と避けられない運命（摂理）に対する叡知的努力に触れてみる。

まず、地震から。

人は大地が揺れると驚き、そしてその原因について考えるが、江戸時代のある人は「今揺れていないのはなぜか」と考えた。均衡がとれている場合と、それが破れた場合。カントに似た、ほぼ同年齢の人が日本にもいたのである。[3]

さて、カントは地震についてはは地球内部の流体性の物質が動くことから始めて詳しい論述をしているが、それは現代の知見の方が優れているので触れない。が、今にも通用する地震対策について、彼は地震の被害には人災の面もあることを指摘する。

カントは、「この恐るべき出来事に際していくらか自衛すること（…）、いくつかの予防措置を講ずること」（①二七六）が重要であり、「リスボンの不運な廃墟は、地震が通常生じざるをえない方向と同方向に（…）都市を建設すること」は問題であるとした。高層ビルも含めた都市建設への提言である。ちなみに、「ペルーとチリは世界のほぼ全域のうち最も頻繁に地震に見舞われてきた地域である。当地では家を二階建てで建てる場合、石組みにするのは一階だけで、二階は下敷きになって死なないようにアシや軽い木材で造るという用心が見られる。」（同二七七〜二七八）

さらに、理性的存在である人間が地震に対して取るべき態度、生き方として次のように述べる。

「このたびの天災がわれらが同胞のうちに作り出した、かくも多くの不幸な人々を目のあたりにすると、《A》人間愛が生き生きと目覚めてくるはずだし、彼らがかくも非情にも遭遇した不運の一部だけでもわがことのように感じられるはずだ。《B》（…）悪事のために受ける、当然の天罰とみなしたり、（…）神の復讐の目的とみなしたりするならば、人間愛に抵触することになる。この種の判断は（…）身の程知らずの罰あたりな知ったかぶりである。」（①三二

三）

と、人間に備わる「愛」と連帯感を強調した後で、人類に課された「高貴な目的」を示唆する。

「人間は、（…）摂理のこうした道筋をその目的に合わせて用いるべきように然るべく用いるならば、［地震がいつ起きるかもしれないという］不確実性に悩まされることはない。人間は、はかないこの世の舞台に永遠の庵を結ぶようには生まれついていない。人間の全生涯ははるかにもっと高貴な目的を持っているのだから、（…）破滅はみな、みごとにこの目的に合致してはいないであろうか。このような合致は、浄福を望むわれわれの欲求を地上の富が決して満たしてくれないことをわれわれに想い起こさせるためのものである。」（同三二四）

と、若きカントはぼんやりと目指す方向を示した後、最後は天災（地災？）よりも人災である戦争防止を忘れずしっかり釘をさしている。

「人類のこのような苦境を見るにつけ、高貴な心情に駆られて（…）人民をせめて戦争の悲惨から救おうとする指導者は、神の（…）道具であり、神が（…）つかわした（…）贈り物である。」（同三二五）

せめて戦争だけは！　と。なぜなら「人間の欲望が渦巻くこのたまり場」（①二八九）では、「限りなく多くの悪人が安眠をむさぼって」（同三二三）いるからである。大宇宙、大自然の威力の前に謙虚になり、しかし人間が作った社会は改善していけ、ということだ。これは第六章のテーマである。

この『自然地理学』の最後には人文地理も扱っており、四つの大陸（アジア、アフリカ、ヨーロッパ、アメリカ）の自然と人々の様子が記されている。しかし、ここに日本は出てこず、別の『遺稿集』（第一八巻）に記述がある。今の私たちにとっても、特に国民性については参考になると思われるところもあるので、少し引用してみることにする。

「日本。（…）この島は、マダガスカルとボルネオについであらゆる島のうちで最大級のものに数えられる。」（⑱四一七）

これは意外であるが、「日本は全世界から非常に孤立した国であって、そこはあたかも別の惑星であるかのようである。」（同四二四）と日本の非国際性を揶揄している。

「日本には（…）宗教的な君主［天皇］と、（…）世俗的な君主［将軍］がいる。」（同四一七～四一八）

これは、幾分現在にもあてはまる。

「日本人は用心深く、誠実で、行儀がよくて、勤勉で、困難にめげない。」（同四一八）

これは褒められているようで、実は独立的市民ではなく隷属的だと見ているのではないかと複雑な思いになる。

「途方もなく頑固であって、死を恐れず、復讐を人から人へ受け継ぐ。」（同）

とは『忠臣蔵』などを揶揄したような、未開人を評したもののようにも受け取れるし、後の特攻精神をも連想させはしないか。

［科学の実用］

さて、カントは自然を利用する技術、つまり今でいう工学の分野にも関心が深かった。当時脚光を浴びつつあった機器について述べたものを手紙から抜粋してみよう。一つは産業革命の花形・紡績機械、二つ目は避雷針である。地震の話の次だから、雷の方から始めよう。

カントも協力したケーニヒスベルク初の避雷針は、一七七四年、ある教会の塔に設置された。しかし、皮肉なことに一七八三年に落雷により損傷したため再設置することになった。中心人物であるケーニヒスベルク大学物理学教授のロイシュ宛ての手紙（一七八三年七月五日）から。

「（…）教会からおよそ五〇〇歩ばかり離れたところ［にある井戸］（…）ここへなら、たいした費用もかけずに避雷針の導線をうまく引けるでしょう。（…）針金も（…）、溶接が（…）。（…）雷の電気を流す場所（…）避雷針すべてについて抱かれている疑念（…）。」㉑一七二～一七三）

次はイギリスで始まった紡績機械の発明・生産が、僻地のケーニヒスベルクでも試み始められたことについてである。全集の訳注によると、カントは「ケーニヒスベルクの教育者・ベッチヒャーの考案した新型の紡績機械を紹介し、知人への斡旋を依頼した。」㉑四六一）

ただし、その後の進捗ははかばかしくなかったようで、「誰もこの紡績機械を買おうとはしなかった」（同）とのことだ。

考案といえば、楽器とは縁が薄かったと思えるカントに「改良ピアノ」にまつわる話がある。もちろんカントが改良したのではない。彼の晩年の親しい弟子で、カント伝を書いたヴァジャンスキーが改良したものを聴きに行った話である。ヴァジャンスキーに宛てた手紙にこうある。「あなたは、（…）見事な楽器の音色に耳を傾けることを許して下さいました。」（㉑二八三）これはピアノの弦を「鍵や羽根でたたくかわりに、ヴァイオリンの場合と似た仕方でこする」（㉑四六八）、新式ピアノである。手紙にはこれについてのカントの印象が書かれていないが、ヴァジャンスキーはカント伝にこう書いている。

「一七九五年に、彼は（…）私のピアノを聞くために私をたずねたことがある。手風琴「アコーディオン」の響きに似たフリュート音をもったゆるやかな調子は、彼にとっては興味がないというよりも、むしろ不快なようであった。しかしこの楽器のふたを開放した最も強い音は、特に完全な管弦楽器による交響曲に似させた時は非常におもしろがった。」

このような人間と自然を媒介する「技術」「道具」（機械はその変種）による作品は、例えば家具や楽器のような芸術性のあるものもある。それについては第八章で扱おう。

機器についての余談で「自然」の話を終えるのは不自然なので、最後に自然の美と自然の合目的性について少し触れておくことにする（これは第八章にも再登場するだろう）。

サザエなどの巻貝、花や葉の形などを見ると、誰でもその幾何学的な形に思うところがあるだろう。このような法則が支配する世界、秩序ある世界を、ギリシャ語では（カオスに対して）コスモスと言った。さらに動物の各器官の複雑・微妙な関係、すなわち有機的統一のことを考えると、誰でも「創造主の意図」のようなものを想定せざるをえないだろう。次に述べる天界における法則と似たものが、生き物にも働いていると想定されて当然だろう。私たちは、（たとえ人間に危害を与えることがあるとはいえ）この自然は、その中の人間も含めて、ある目的性を持ったものだと想定していいだろう。こう考えると、あの標語、「天に星、地に花、人に愛」が、一つになった壮麗な世界として現前するに違いない。

［ 星の輝く世界 ］

次は目を空に、いや宇宙に向けよう。

地上のものも美と神秘に満ちているが、天上の世界となると、さらに想像をも交えた夢のような世界だ。白鳥座のくちばしにあたるアルビレオ（「嘴」の意のアラビア語）は、望遠鏡で見ると実は二重星であることがわかり、澄んだ水色となかば透きとおったトパーズ色の星が並んでいてとても美しい。裸眼でもよく見えるが、双眼鏡を通すとキラキラまばたくプレアデス（和名はスバル）をはじめ、無数の星々は万華鏡のようだ。山好きの人なら、山頂で仰ぐ夜空はこの世のものとは思えないほどの荘厳そのものに違いない。宮沢賢治の『銀河鉄道の夜』その他のメルヘンの世界は子どものためだけのものではないし、四季の星座の移り行きを眺めることは、年中楽しめる大旅行である。

一方では、大宇宙の中では人間の何とちっぽけな存在であることよ。しかし、そのことを自覚している人間は、被造物の中では格別のものでもあろう。パスカルの『パンセ』の中の次の言葉はあまりにも有名である。

「人間は一本の葦にすぎない。彼を殺すのに全宇宙が武装するにはおよばない。一滴の水、(…)で十分である。しかし、人間は彼を殺すものよりも偉大である。なぜなら人間は自分が死ぬものであること、ちっぽけな存在にすぎないことを知っているからである。宇宙はそれを、知らない。」

私も幼いころ、不思議な、神秘的な心境に浸ったある夜があった。五歳の頃のあの体験は、今でも再現できそうだ。何をしたのか理由は忘れてしまったが、親から叱られて夜に外へ放り出された。田舎のことで、辺りは静寂そのもの、通路を兼ねた庭の前は、緩やかな斜面の畑であった。その境の石に腰掛けて一人でじっとしていた。自ずと頭は上を向く。何せ真っ暗闇の中で明るいのは、「上なる星の輝く空」しかない。

そして気づいた。動かない星の間に、ゆっくりゆっくり動く小さな点があることに。飛行機にしては動きが遅い。本当にゆっくりなのだ。しばらく経ってから他の星との距離(角距離)が離れたのに気づくという遅さである。もしかしたら当時話題になっていた人工衛星かなとぼぼんやり想像したような記憶がある。それは思い込みだったのかもしれない。ともあれ真っ暗闇の中、独りぼっちで、不思議な、神秘的な宇宙というものを「実感」したのだ。宇宙の深奥に、ただ「目」だけの自分がいるような……（後日談によると、心配した母が石に坐ったまま眠っている私を家に連れ帰ったそうである）。

誰でも夜空を一人で長いこと見入っていると、神秘的な気分になるだろう。宇宙には数学的な規則性があることから、私たちには聞こえない美しい和音の音楽が流れているのだろう、と想像したピタゴラス。さらにあのヨハネス・ケプラーの最初の書も『宇宙の神秘』であり、死後出版された遺作は、今でいうSF小説のような『夢、もしくは月の天文学に関する遺作』、通称『ケプラーの夢』であった。

さて、カント全集の最初の三巻は「前批判期論集」で、その中では天体・宇宙と地球についての研究が中心を占めている。卒業論文の題名が前出の「活力測定考」であり、「地球自転論」「地球老化論」「地震原因論」「天界の一般自然史と理論」などからもわかるように、彼は若い頃は自然科学者、自然哲学者であった。

では、『天界』の一部を取り上げてみることにする。一七五五年、カントが三一歳の時の作。天界の発生と歴史を、宗教からまったく離れて純粋に学問的に考察するこの本は、当時さまざまな反対が予想された。その危険に対して、若きカントは昂然と言い放つ。

「宇宙の巨大な構成部分を（…）一つの体系にするものを発見し、天体そのものの形成やその運動の起源を機械的法則によって自然の最初の状態から導きだす——このような探求（…）は不遜にも、最高存在者［神］の直接の手によって生じるはずの結果を、自立した自然から出てくるものと考えるから、宗教はこの不遜を厳粛に告発することになろう。」（②九）

「しかし気後れはしない。立ちはだかる障害の強さは十分に感じている。しかし怯みはしない。」（同）

何という気概だろう。そして彼は、今から始めようとしていることに自信に満ちた喜びを感じている。

「私は（…）危険な旅にあえて乗りだした。そして新天地の岬をすでに認めている。この探求を続行しようとする勇気をもつ人々は、その新天地に足を踏みいれ、それに自分の名をつける喜びを味わうことになろう。」（同）

『純粋理性批判』の末尾の文章（第三章にて引用）を思い出させる、まさに堂々たるカント。

さて、この著の中心は「カント・ラプラスの星雲説」であるが、実は科学的な推論、仮説の展開に伴って流れる通底音は「哲学的夢想」、彼の言う「脱線」である。その中の、原始地球にあったと想定される環のくだり。

「地球にもかつて土星と同じように環があったというのは、考えられないことだろうか。」（②一〇一）

「創造された人間たちにとって、地球は楽園であった。彼らにとって地球を囲む環は、なんと美しい光景であったろう。自然のすべてに喜びをおぼえた彼らにとって、これはなんとも気持ちのよいものであったろう。」（同一〇一～一〇二）

そしてこの著の第三部は、「異星の住人」である。太陽から離れた惑星ほど知的レベルが高い生き物がいるだろうと推測する。そして人間より賢いその生き物は、「ニュートンを一匹の猿として珍重する」。これはニーチェの「超人：人間＝人間：猿」を連想させる。

しかし圧巻は、文字通り「結語」である。カントは、星空を見上げるわれわれ人間の希望でこの著を締めくくる。

「晴れた夜、星の輝く天空を見上げるたびに、高貴な心にのみ感じられるある種の満足がわきでてくる。（…）不滅の精神のひそやかな認識能力は名状しがたい言葉を語り、（…）根源的な思いを呼びおこし（…）、われわれを魅了する。」（同一七一）

だが、情けないことに、

「この惑星の思考する被造物のなかには、あいかわらず虚栄の奴隷になろうとする低劣な輩もいる。これほどみじめな被造物を育てたからには、この球はなんと不幸なことだろうか。」（同）

それでも、カントは最後に希望を置く。

「しかし他方、あらゆる天体のなかでもっとも恵まれた自然の構造が獲得しうる利点をはるかに凌駕するような幸福と尊厳というものもあるのであって、（…）これに到達する道が地球

に開かれているからには、この地球は何と幸福なことだろうか。」

（同）

あまりにも一跳びに終わってしまった。カントにはもっと天体についての具体的な話題に事欠かないので、その二、三を挙げよう。

ガリレオが望遠鏡で天体観測を始めて一世紀半の頃だというのに、カントは天体望遠鏡を自ら使って観測したことはなかったようである。[4] ただし、先に述べたように裸眼でかなりの「観測」ができたのかもしれない。というより、ちょうどケプラーがティコ・ブラーエの観測データを入念に調べ、考察した結果、あのケプラーの三法則を発見したように、天文学の知見を元に研究を進めたものと思われる。何と彼は、土星の環の回転周期も計算している。

次の手紙は、ベルリン天文台長を務めたボーデ宛の（一七九〇年九月二日付）のものである。自分をあの大天文学者ハーシェルと対等にみなす、自信たっぷりの文である。

「先日政治関係の新聞で見たのですが、ハーシェル氏が土星の環が一〇時間二二分一五秒で自転していることを環の内側の縁に一番近い所について発見したということが間違いでなければ、これは、私が三五年前に『天界の一般自然史と理論』で想定したこと、つまり、環の諸部分が中心法則にしたがって、円環運動（これを私は八七頁で内側の縁については一〇時間の自転時間と見積もりました）を通して自由に動いているということを証拠だてるものであるようです。」（㉒四九）

さらに別の手紙では、自分の学説が天文学の歴史で記念碑的なものだと自信に満ちて主張している（一七九一年四月一九日付、ゲンジヘン宛）。

「（…）以下が私の業績であることをもお示しいただければ、あなたの学位論文は、天文学史に貢献してきた人にそれぞれ適切な業績を分かつことになるかと存じます。

一、銀河がわれわれの恒星系に似た、運動する諸太陽の系であるという見方は、ランベルトが『宇宙論書簡』で同様の考えを公表するすでに六年前に、私が開陳していたものです。」（㉒八三）

このような彼の天文学研究を知ると、あの「わが上なる星の輝く空……」の一文がなかなか味わい深いものになるだろう。

「カントと月」

月を話題にするのは月並みのことかもしれない。古来、月は詩や歌の題材の常連だったから。

ドヴォルザークの「月に寄せる歌」は、私の大好きな歌でもある。しかし、さて、現代人は月にどれほど思いを馳せているだろうか。ムーンとマンスは語源は同じでも別物だが、日本語ではお月様とひと月は同じ月である。「曖昧な日本」のことだからある意味では時空が溶け合ったような、味のある言葉かもしれない。

さて、月の表面にはいろんな地名がつけられている。地球上の行ったこと、見たこともない何千という地名について人々は聞いたり話したりしているが、一方いつも見ている月の地名はいかがなものか。「〜の海」やクレーターや山、断崖などの名前は、知れば知るほど海外旅行よりずっと簡単に、しかも無料で月旅行が楽しめるというもの。しかも地球上の地名に人名はめったに出てこないが、月面には人の名ばかりで、地球よりも月の方が人間臭いのも面白い。知っているようでよくは知らないものの筆頭に、月がくるようである。

月面の地名は、世界天文学会で決める。コペルニクスや先ほどのティコやケプラーなどの天文学上功績のある人物名が中心だが、中にはヘラクレスやポセイドニオスなど神話上の名もある。

では、カントという名のクレーターをご存じだろうか。

月のほぼ中央にそれはある。少し詳しく言えば、右半分の一番下の海である「神酒の海」の左、緯度と経度で言えば「南緯一〇・一度、東経二〇・一度」にある。これは中央丘を持つ直径約三二キロメートルのクレーターで、外輪山の高さは三一二〇メートルというから日本で二番目に高い北岳ほどか。ちなみにリヒテンベルクやボーデやケストナーなど、カントの知人の名もクレーター名として使われている。

第五章　わが内なる道徳法則

［二つの命令形］

カントは四十代にルソーの著作に出会って、人間を尊重することを学んだという。それまでは学問をしない人を軽蔑する傾向があったが、ルソーを通じて知識よりも道徳的存在としての人間、人間の尊厳に心打たれたのである。灰色の心に稲妻が走ったのだ。

カントはわれわれに備わっている良心を、文法でいうところの命令形で説明する。一つに、ある目的を実現するために命ずるのを「仮言命令」といい、例えば「人に信頼されるためには嘘をつくな」などがそれであり、ただ「嘘はついてはいけない」というのとは違う。もう一つは、目的はまったく考えに入れず、例えば「人を（手段としてでなく）人格として扱え」のように、ただ端的に「～せよ」と命ずるものを「定言命令」という。こちらの方にのみ道徳的価値がある。つまり、このような無条件の命令に従うことが、「善い」のであるという。

このような定言命令としての「内なる声」は絶対的で完全なものであるから、私たちはそれに一致した行いができるかというと、そうではない。この「現象」の世界、「経験」の世界、つまり実生活においては。カントは、定言命令が経験を越えた純粋なものであることを強調する。

「そのような純粋な源泉から発した行為が、たとえ一度も存在したことがなかったにしても、（…）なんら問題ではない。（…）ここで問題なのは、理性が独自に一切の現象から独立して、何が行われるべきかを命じる。」⑦三四）

そして、このことが私たちの欲動、本能に対して大きな力を持つことを堂々と述べる。

「義務の表象は、また総じて人倫的法則の表象は、それが純粋であって経験的刺激の異質な付加物と混じり合っていないなら、理性を通じてのみ（ここで理性が単独でも実践的でありうることを自覚する）、人間の心に非常に強力な影響を及ぼす（…）。」（同三八）

「純粋であるからこそ、すべての人倫的概念は尊厳なのである。」（同三九）

この道徳法則によって私たちは本能や欲動に対する主人となるが、これに経験が混じって不純になると、その都度動揺するのが人生だと言うのである。

［威厳ある内なる声］

さて、この定言命令は時々の状況、条件を超越したものであるから、これに完全に従うことは動物性を備えた人間にできるわけがない。しかし、ここからが重要だ。完全にできないからこそ、この命令はあたかも神の声のように、みじめなわれわれの心を射るのである。この命令には威厳があり、神聖さがある。道徳的に完璧な行動はできないが、いや、できないからこそ、有限で小さな存在にすぎないわれわれは、この「絶対的」なものの前にひれ伏さざるを得ない。
私もこれまでこの内なる声を何度聞いたことだろう。

［真冬のコート］

田舎を出てある都会で暮らしていた、二〇歳の頃のことである。凍てつくような真冬の夜更け。私はアルバイトの帰り、人気の少ない歩道を下宿に向かって歩いていた。その先の方に、何か盛り上がった黒いものがぼんやり見えた。近づくにつれて、その塊が少し動くのに気づいた。それは何と、うずくまった人であった。この厳しい寒さの中、毛布一枚もなく丸くうずくまって寝ておられる。

私は心穏やかでない。足取りは重いが、でも立ち止まることなく下宿に向かって歩いている。心は割り切れない。何とかしてあげたい。自分のコートをかけてあげるべきだ、との内なる声が聞こえる。……もうずいぶん離れてしまった。でも聞こえる。「今からでも引き返せる。コートをかけるべきだ」

結局、私は田舎のおふくろが買ってくれた新しいコートを手放さなかった。でも、いつも聞こえる。

「～すべきである！」

この至上命令の放つ光は燦然と輝いて、決して弱まることはない。

［普遍的に妥当する……］

良心の声。ソクラテスはダイモーンの声と言った。宗教者は神の声というだろう。ではカントはどのようにこれを説明するか。彼の著書の中では比較的わかりやすい『人倫の形而上学の基礎づけ』（一七八五）で、次のように述べる。

「われわれが無制限に善とみとめうるものとしては、この世界の内にも外にも、ただ善なる意志しか考えられない。」⑦一三

「善い意志とは、普遍的法則とみなされる信条自体を、いつでも自らの内に含むことのできる信条を、持つ意志である。」⑦九一

この善なる意志こそが道徳の基盤だという。比喩をよく使うカントはこう言う。

「善い意志はそれだけで宝石のように、自分の価値全部を自分のうちに保つものとして光り輝くであろう。役に立つとか立たないとかは、善い意志の価値を増減させたりできない。そうしたことは言ってみれば宝石を載せる台座みたいなもの」⑦一四〜一五

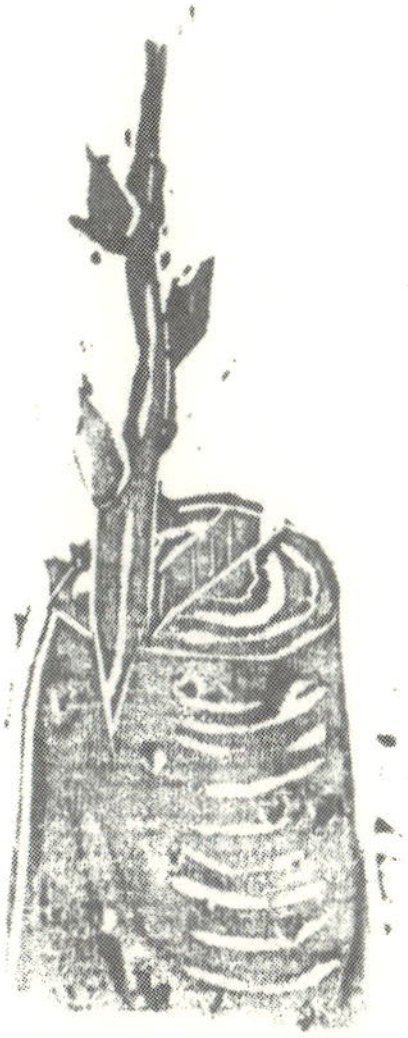

さらに今度は接ぎ木に譬える。

「道徳的に善なる心術［心］に接ぎ木されていない善は、まったくの見せかけで外面だ

け輝いている悲惨以外の何ものでもない。」（⑭一六）

カントは生涯一貫して、われわれ地球人とそれ以外の理性的存在の二つを念頭において書いている。われわれも理性的生き物だが、その程度はどうだか？　とでも言いたそうである。その真意はともかく、この行為を起こす源である意志こそが善悪のリトマス試験紙であるという。

「どんな行為も従わなければならない信条とは、ほかでもなく、信条が普遍的法則であることが、当の信条とも両立できる信条であり、それゆえ、意志がみずからの信条を通じて自分自身を同時に普遍的に法則を立法するものだとみなすことのできる信条だけである。」（⑦七三）

自分の行動の基準がいつ誰にでも妥当するように行為せよ、つまり例外とか言い訳などを許さない、神の命令に従うように行えということであろう。

『実践理性批判』という堅い本には、こうある。

「君の意志の格率［行為の基準］が、常に同時に普遍的立法の原理として通用することができるように行為しなさい。」（⑦一六五）

ここでは、このような「形式的」な表現をとっているが、次のようにも言い表せる。

「自分の人格のうちにも他の誰もの人格のうちにもある人間性を、自分がいつでも同時に目的として必要とし、けっしてただ手段としてだけ必要としないように、行為しなさい。」（⑦六五）

さて、具体例として先ほど「コート」の経験を使ったが、もう少し元気の出る思い出話をしよう。かつて山道で起きた小さな事件である。

［閉じ込められたタカ］

「野岳湖と萱瀬ダムを結ぶ山道は車もめったに通らない、ハイクにはもってこいのコースである。ある日、この中間あたりを歩いているとバサバサという音が聞こえた。急勾配の斜面に作られた道だから山手は崩落対策として太い金網がずっと上まで張られている。その金網の中の、岩の窪みに中型の鳥が閉じ込められてバタついていたのだ。胸から腹は白地に褐色の横斑が入ったハイタカであった。

助けたい。いや助けなければならない。でも頑丈な金網の一番下は特に太いワイヤーで地面に固定してあり、何の道具も持ち合わせていない私はどうすることもできない。たとえあったとしても網を切ることは犯罪になるだろう。

タカはきっと崖の上の方から網の内側に落ちたのに違いない。しきりに上へ上がる動作を繰り返している。そして私を敵と思っているのだろう、鋭い目つきでこちらを睨んでいる。

その時、名案が閃いた。金網の下に出口を作ったらいい！　そこで木の棒を捜してきて少しずつ土を掘りだした。原始人のように。とても根気のいる作業だ。

やっと出口ができた。でも私が目の前にいるのではタカは警戒して下に降りるはずがないので姿を消すことにした。

しばらくして戻ってみると、そこにはもうタカの姿はなかった。」

カントはどこへ行ったた？　と思われただろうか。そうそう、カントのお母さん、若くして亡くなったアンナお母さんにも、道徳的行為に関する話が残っている。

カントは日記や自伝を書き残していない。だから同時代の証言がとても貴重になる。次に引用するのは、晩年のカントの日常生活の世話もした、あのヴァジヤンスキーの記録である。

［アンナお母さんの死］

「しかし、彼女はこの［子どもへの］期待が満たされる時まで生きていなかったのである。カントは気だてのよい感謝の念に厚い息子として、優しさに満ちた深い悲しみの心で母の死を嘆いたが、晩年になっても母の死の経緯を語る時には、彼にとって尚早であったこの母の喪失を、いつも心から悲しんだ。というのは、ある異常な事件が母の死を早めたのである。」

ヴァジヤンスキーはその詳細について、次のように綴る。

「カントの母には一人の女友だちがあって、この人はある男性と相愛の仲になり、その人に彼女のすべての心をささげていた……。結婚の約束を交わしていながら、彼は不実で、その後間もなく別の女性と結婚した。その結果、欺かれたその女友だちは嘆きと苦しみとから瀕死の熱病に突き落とされた。その病気中、彼女は処方された薬を取るのを拒んだ。瀕死の病床でこの友だちを看護していたカントの母は、彼女に薬匙を差し出した。病人は吐き気がするというのを口実に、薬を飲むことを拒んだ。カントの母は、彼女を逆に納得させるには、病人の味わった薬匙を自分で飲んでみせるほかはないと思った。それを実行した瞬間、彼女は吐き気と冷たい戦慄に襲われる。想像力がさらに輪をかけてその二つを強める。その上、病友の身体に斑点を見いだすという事情もあって、彼女はそれをチフスと思ったが、彼女はすぐ『これが原因でわたしは死ぬでしょう』と語った。その日はまだ寝ていたが、その後間もなく友情の犠牲となって亡くなったのである。」

定言命令に従った、最高の道徳的行為である。カントの「それを思うことしばしばにして、且つ（…）感嘆と崇敬の念をもって心を満たす（…）道徳法則」。

「戦争には加担しない」

もう一つの例をあげなくてはならない。私たちは「良心の声」との付き合いを、一生続けなければならない運命にあるのだから。

戦前、日本の帝国主義・軍国主義が強まって世界の一つの渦を作っていた頃のこと。台湾・朝鮮を植民地とした日本はさらに中国へと触手を伸ばし、「満洲事変」を起こして日中戦争に入っていった。そのころ一人の医者・末永敏事《びんじ》（一八八七〜一九四五）は、この戦争に協力しない人であった。ある本[6]から彼の紹介文を引用しよう。

「権力に一人で立ち向かった信念の人　末永敏事

一九三八（昭和一三）年一〇月四日、クリスチャン医師・末永敏事は時の戦争国家・日本に対して不服従の意思を通告した。五一歳の信念の人は逮捕され投獄された。そして外見的には不遇の、しかし神の前に義である人として彼は五八歳の生涯を従容として終えた。この一途な生き方は彼の残された数少ない文章の中で鮮明に表明されていた。

『たえざる進歩の信仰生涯にありては、其の臨終が其の人の結論であること、文章の結論に於けるが如し（…）。然しながら、又、人の生涯は渾然たる一天地を為す事、一群の山嶽の如く、其の人の神の光に照らされて感じ、思ひ、言ひ且つ行った所が即ち山嶽の雲上に聳えて天を摩する所、此が其の人の最高、最善、最大の所であって、真正の意味に於て其人のエッセンス其人の結論は却って此所に在るといふべきである』（『無教会』第一二号、一九三二年四月）

末永は一八八七年四月一三日、あの『天草・島原の乱』の地、島原半島の北有馬村（現・南島原市北有馬町）で代々医を業とする家に生まれ育った。尋常小学校を出て上京、青山学院中等科で学び、キリスト教の内村鑑三の影響を受ける。

帰郷して長崎医学専門学校（現・長崎大学医学部）卒業後、植民地・台湾で病院に勤務、そして渡米してシカゴ大学、シンシナティ大学で研究生活を送る。世紀の難病・結核の研究では当時の第一線にいたといわれる。

帰国後、故郷で医院を開業。そして茨城県の白十字会保養農園に勤務中、前出の「不服従宣言」となる。

『特高月報』（一九三八年一〇月号）では、彼の発言は次のとおり。『（…）茲に拙者が反戦主義者なる事、及び軍務を拒絶する旨通告申上げます』。さらに翌年一月分には進行中の日中戦争について『日支事変は（…）日本から仕掛けた侵略戦争である。（…）東洋平和の為であると言ふて居るが事実は侵略戦争である。（…）小生、軍備全廃主義者なるが故に陸海軍人団と関係あることを酷しく嫌ふ。次に平民主義者であるが故に特権階級、例令ば皇族、富豪等と何等の関係あるを拒絶する』。

ついに彼は陸軍刑法の造言飛語の罪と不敬罪で獄につながれ国賊、非国民という汚名を着せられた。故郷でも話題にするのも憚られて、真実は覆われたまま七〇年の年月が流れていった。」

［教え子ハーン・リーダー］

次に、仕事を転々として、最後は農夫として一生を過ごしたカントの教え子を紹介しよう。彼は学者でもないし、特に優れた著作を残した著名人ではない。それどころか普通の人であるが、この第五章に取り上げるべき人物、道徳的人格者である。

カント全集の人名注にはこうある。

「ハーン・リーダー。東プロイセン・レッチェン市出身。同市の市長の息子。（…）カントの聴講者であった。大学修了後、ロシア軍の少尉となったが、彼がいた地方司令官の横暴・残忍ぶりを通告したため、長年の懲役刑に処せられた。彼は脱走し、ケーニヒスベルク経由でベルリンへ行き、この地で指物業の修養を積んだ。やがて、念願かなって農夫となった。」(㉒人名注二八)

彼は牢獄で自らを鍛えた。先生への手紙にこう書く。

「(…)捕らわれの身でありながらあなたの何冊かのご高著を知りました。そのことは私にとって最大の幸運です。なぜならこの導きの糸がなければ、私はまったく不完全な人間にとどまったでありましょうし、すでに成っているもの、そして特に今後成りうるものには決してなれなかったでしょう。」(一八〇〇年七月三一日付、カント宛、アカデミー版⑦三一九、拙訳)

後年、獄中でカントの本のおかげで自分の生き方がさらに確固たるものになったことを感謝している。しかしその当時、彼は試練のさ中にあった。その窮地を振り返ってこう述べる。

「(…)道徳は、あなたが証明されたように、幻影ではありません。(…)私はロシアで脅かされたどんな危険や災難にも戦いを挑む心を持っていましたし、私に［道徳的］義務を指令する道なき道を臆することなく歩み続けてきたのです。(…)私の両親は私を見捨てました。私の友人は私に不満を抱きました。これらは私を悲しませます。でも私は戦わなければならないのです。私は戦い、そして有徳であることを望みます。」(一七九六年一二月三日、カント宛、同一二二五、拙訳)

ハーンはその後、ベルリンでの職人生活では手でものを作るという仕事に充実した日々を送っていることをこう報告している。

「鉋と鋸で万事うまく行っています。この面ではずいぶん進歩しましたし、愛好家に満足して買っていただいたいろんな作品も製作してきました。徒弟期間の二年半の間に熟練した職人として生活の資を得ることが出来そうです。私の体力は増大し、永続する満足を味わうという楽しい希望があります。」(同)

しかし、これも雇い主の命令下で味わう不自由に嫌気がさして、結局は田舎に移り、一農夫として落ち着くことになった。

「私は今、死すべき人間が立つことのできる最高の段階に立っています。なぜなら他人の気分に左右されずに大地を耕すことより素晴らしいことはないと思うからです。この幸せは完全でどんなものとも交換しないでしょう。」(一八〇〇年七月三一日、カント宛、同三一九、拙訳)

ハーン・リーダーはカントの実践哲学を体得した、立派な継承者ではないだろうか。また第二章の教育論で、子どもには「名誉よりも正義を」とあったのを思い出させる。カントは彼の生き方を是としたに違いない。同じ働く哲学者(哲人の方がよりふさわしい)といえば、オランダのレンズ磨き職人のスピノザを思い出す。

［内なる光］

人生の歩みの中で、私たちはこのように信念を試されることが何としばしばやってくることか。そして意気地のない自分を恥じ、厚顔無恥の世相に愛想をつかすこともあれば、他方、アンナお母さんや末永敏事のような人に敬服するとともに、自らにも同じ崇高な種子が宿っていることに気づいて深い満足に似たものを感じるのではなかろうか。この心の高まりを、カントはとても感動的に書き綴った。

「義務を何よりも尊重し、人生における数限りない災いと格闘し、それどころかこのうえなく強力な誘惑とも格闘しながらも、それでもなおその災いや誘惑に勝利する（人間にはこれが可能であると想定してかまわない）純粋な道徳的心術、まさしくこうした心術の理念ほど人間の心を高揚させ、熱狂にいたるまで活気づける理念はない。（…）人間は、このことをなすべきである、だから、人間は自分にこのことができると意識している。この意識は、人間の中にある神的素質の深さを示している。こうした神的素質があるゆえに、人間は、自分の真の使命の偉大さと崇高さとについて、いわば聖なる身震いを感じるのである。」（⑭一八三）

何という心を打つ言葉であろう。パスカルの「卑小さを知っているがゆえの偉大さ」とは違う、自信に満ちた人間賛歌であろう。

私が高校生の頃、ベトナム戦争のさ中であった。新聞やテレビでは連日「……での戦いではベトナム側の死者……人、アメリカ側……人」と報道されていた。私はしかし、その惨状を実感することはほとんどできなかった。

それからだいぶ経って、ベトナム戦争の実相を本多勝一などの本で読むことがあった。その中に、次のようなシーンがあったことが脳裏に焼き付いている。ソンミ村での虐殺だったか。

米兵がある村で掃討作戦を実施中だった。相手が武装していなくても、ベトナム人を見かけ次第銃殺していった。ある時目の前に二人の幼い子どもが現れた。米兵は銃をかまえた。一〇歳くらいの兄と、五歳くらいの弟だ。その時、兄は毅然として弟の前に立ち、両手を広げて米兵をにらみつけた。しばらくの沈黙。そして米兵は撃った。

私はその兄の崇高さに打たれた。どんなに米兵の体が大きかろうが、その実、彼は卑小で、子どもの方が何と偉大か、と。

第六章　人間疎外

［ 人間の尊さ ］

頭でっかちであったカントを目覚めさせたのはルソーであり、彼は中でも、人間が道徳的存在であること、人間が尊厳であることに心打たれた、と前章で書いた。

では、現実はどうか。現実は今も昔も人間の尊さを否定し、人間を辱めることが多すぎる。ややもすると人を悲観的にさせるものである。

たとえば人間の歴史は、教科書ではそのほとんどが戦争や領土の侵略ではないか。美しい、感動的な歴史はほんの少しではないか。カントもいくらか悲観的である。

「われわれは人間の行状が世界の大舞台に乗せられるのを眺め、ところどころ思慮分別があるように思えることがあっても、最終的には全体としてすべてが、愚考や子どもじみた虚栄心から、またしばしば幼稚な悪意や破壊の欲求から織りなされているとわかると、一定の憤懣を抑えがたくなる。その際われわれは、自分は［他の生き物より］優越していると、これほど誇っている人類を、どう理解すべきか、とうとうわからなくなる。」⑭四）

私が一八歳の時だった。高校を卒業してすぐ大都会にやってきた。ある夕方、繁華街のビルの陰に人影が見えた。薄暗がりでぼんやりとしてはいるが、異様なものを直感した。大きなポリバケツ、すなわちゴミ箱の蓋を取って前のめりになっている人のシルエット。そしてそのシルエットはゆっくり音もなく動き、片手につかんだものを口に運ぼうとしている……。

私はそれ以上見つめることができなかった。私の心は鉛のようになってしまった。

これは貧しさが原因だ。家族や友だち、身寄りはいないのか。公的な支援は受けていないのか……などと、どうかして辛い感情を克服しようとした。しかし、たとえいくらかの原因がわかったとしても、傷ついた心は一生消えず、火傷の跡のように残るだろう。

なぜ、こんなに傷つくのか。尊いのが人間だからだ。尊くない人間なんてないからだ。

「人間を卑しめるもの」

若きマルクスもこのような体験をしたのだろう。カントの「定言命令」を自己流にこう述べる。

「人間を、卑しめられ、屈従させられ、みすてられ、軽蔑された存在としておくような一切の諸関係を、くつがえせ、という定言命令[7]」

カントの形式的命法を実質的に表せば、カントもそのように言ったはずである。

マルクスは道徳的というより、倫理的な視野、立場にいるといってよいだろう。この両者はもちろん人と人との間（人間！）にあるべき関係をテーマにしている。しかし道徳（人の踏むべき「道」と立派さという意味の「徳」、モラル）が個人的レベルでの視点であるのに対して、倫理（「倫」は「ともがら」つまり人々、エシック）は社会的視点に立っているという違いがあると言える。従ってマルクスは倫理的立場から、社会の不正義に対していわば内から湧き上がる義憤をこのように表現したのであろう。

ソクラテスも同様だ。ただし彼は、経済的搾取関係は不問に付して奴隷制度に乗っかって安住している人々の利己主義、名誉主義的な生き方に対して義憤をぶちまけたのである。

「君たちは恥ずかしくないのか。世界に名だたるアテネの市民でありながら、富と名誉のことばかり気にして、人間の徳についてはまったく気にしないとは、恥ずかしくないのか。」[8]

［搾取］

あるものがその本質を亡くした状態を疎外状態という。「切れないナイフ」はその一例だ。人間が人間らしくない状態は、人間疎外という。その最も重要な原因は貧困だ。

経済的な屈従。これは資本主義社会ではいたるところにある。「就職」自体が賃金奴隷になることであり、日々の労働はお金に換算され、つまり商品化される。ひどくなると「身売り」まで起こる。細井和喜蔵の『奴隷』という自伝風作品があるが、その中には織物工場主に、今でいうパワハラ、セクハラで辱めを受け、ついに自らの命を絶った少女のことがでてくる。細井はこの時のたまらない思いを抱き続け、その後『女工哀史』の作者となったのである。

［人の売買］

もっと前は奴隷貿易という非人道的行為が政府公認の下、堂々と行われていた。ヨーロッパ人がアフリカの何の罪もない人々をあたかも動物を狩るように捕獲し、売り飛ばした歴史。教科書には「三角貿易」などと暗記物のように淡々と記述される奴隷貿易。

半世紀前、世界中で感動と憤りとをもって読まれ、映画化もされた『ルーツ』（アレックス・ヘイリー著）というノンフィクション記録小説がある。この話は、西アフリカ・ガンビアのジュフレ村での平和な生活描写から始まる。子どもから大人への過渡期、少年たちは通過儀礼としてのテストをパスしなければならない。一人前の人間として必要なものは何か。困難、危険に遭遇した時の的確な判断力、洞察力、そして何よりも勇気。それを試すために、少年たちは危険なジャングルで一世一代の試練を受けることになる。主人公クンタ・キンテもその中の一人であった。

一つひとつの試練に耐え、一人前の大人への道を進んでいるさなか、何と現れたのは猛獣ではなく自分を捕らえに来た、武装した商人であった。しかも背後から彼を襲ったのだ。それからクンタを次々に襲う屈辱……。こんなにも人間の尊厳をなみする出来事がこの世にあるだろうか（現在、西アフリカの「奴隷」積出港であったゴレ島は「負の世界遺産」として保存され、アメリカ大陸をはじめ世界各国から自分の「ルーツ」を訪れる人が絶えない）。

この本は世界中に憤りと感動を与えた、と言った。あまりにも残酷、悲惨な出来事だが、それに立ち向かう人間の誇りと勇気があるからこそ感動を与えるのだ。ひどい仕打ちに屈従せず、人間の尊厳を守るために逆らう。一方で、そのように逆らってどれほどの人が亡くなったことだろう。

［国家による殺人］

ここで戦争の話がしたい。公然と、国家公認の下に行われる殺人を戦争というが、殺しに変わりない。ネルーは個人的殺人と国家的殺人についてこう述べる。

「ナショナリズムの思想が成長するにつれて、『よかれあしかれ祖国は祖国』という観念が発達して、国家は個人の場合ならば背徳的な、わるい行為とかんがえられることをすることを誇りとした。このようにして、個人の道徳と国家の道徳の奇妙な対照がますますはなはだしくなり、ほかならぬ個人の悪徳が、国家の美徳となった。利己主義や、貪欲や、傲慢や、野卑は、個人の場合には、まったく悪く、ゆるしがたいものとされた。ところが大きな集団である国家の場合には、それらが愛国主義と祖国愛というもっともらしい衣装を着せられて、ほめたたえられ、説き勧められた。民族という大集団がおたがいにするのならば、殺人も、殺戮も賞賛にあたいするものとされた。最近のある本の著者は、『文明は個人の悪徳を、いよいよますます大きな社会によって代行せしめる仕組みとなった』と指摘するが、これは完全に正しい。」[9]

この悪徳である戦争をなくすにはどうすればいいか。戦争は政治の延長であるから、政治を変えなければならない。個人の道徳をそのまま政治に移さなければならない、つまり政治を道徳的に行わねばならない、ということになる。

ところで政治は、実は経済の代弁、もっと直截に言えば、政治は支配階級とその同調者の代弁であるから、つまるところ経済体制を変えなければならない、と考えるのが社会主義者である。一方、経済よりも道徳を、利益よりも相互扶助を、と考えるのが精神主義者、理想主義者であろう。もちろんこの両者は合体できる。ここでカントの出番だ。

［戦争のない未来へ］

カントは、晩年の著作『永遠平和のために』（一七九五）において、戦争のない永遠平和をもたらす条件として、一時的な休戦条約に過ぎない平和条約ではなく、常備軍を撤廃することをはじめ、国内の民主化や国際連盟の創設などを提示するが、それに加えて、為政者は哲学者の力を借りよ、と言う。人間の目指すべき目的、道徳の原理などを究めた哲学者の指導を仰げ、と。

彼の理想主義は夢想に過ぎないという批判がある。彼自身も「私の夢想曲『永遠平和のために』」（㉒二八七）と手紙に書いているくらいである。しかしそれは謙遜であって、平和は私たちの思想と実践の目的となるべき理念であり、さらに私たちに課せられた課題だとも言う。この書はとても格調高い一文で結ばれている。

「公法の状態を実現することが義務であり、たとえ無限に前進する接近においてのみその状態を実現できるにすぎないとしても、その実現に対する根拠ある希望が同時に存在するとする。もしそうであるならば、これまで誤ってそう呼ばれてきた平和条約（実は休戦条約）の後に続く真の永遠平和は、決して空しい理念ではなくて、一つの「われわれに課せられた」課題である。そしてこの課題は次第に解決されて、その目標に向かって（…）たえず近づいていくことであろう。」（⑭三一五）

しかし、それはその通りであっても、なお、あまりにも理想主義、おめでたい精神主義だという批判は当然あり、もっと政治的・社会的な運動を高めて改革を進めることが重要になる。当然、政治・経済・社会についてはさまざまな立場と主張があるし、それは政党の実際の運動の分野となるので、ここではそれには入らない。が、一つだけは共有しなければならない必須の前提がある。それは日本国憲法の平和主義と人権の尊重である。前文で二度も使われている「崇高な理想」の達成を誓い、第九条の「国際平和を誠実に希求」するための「戦争の放棄」。これらは「政府の行為によって再び戦争の惨禍が起ることのないやうにすることを決意し」てなされた、堂々たる宣言である。この世界に誇る宣言は、まさしくカント精神の具現であろう。

ここでは本書の性格上、さらに一人の哲学者を紹介することとする。特に彼の社会的な活動（といっても言論による）を見ながら、哲学、あるいは思想の持つ社会的な力について考えていきたい。マルクスも前述の文の後で哲学の持つ指導性を力説しているではないか。

「人間解放の心臓はプロレタリアートであり、その頭脳は哲学である。[8]」

「日本のカント？」

カントとともに歩くこの本に、朝永三十郎（一八七一〜一九五一）を登場させるのは自然であり、適切であろう。彼は日本の哲学史上では、京都学派に属する哲学者である。しかし単なる学者ではなく、カント派理想主義者として「人生に対して指導の力を有する[10]」哲学を生涯求め、研鑽した学究である。したがって若い頃から社会への発言も怠らなかった良心の人である。例えば一九〇二年に起きた思想弾圧事件である哲学館事件[11]では政府に対して異議を唱えたし、日露戦争後の戦勝記念碑建設についても反対の意を表明した（彼の故郷の小学校にある顕彰碑には「（…）反論してその挙を阻止された」とある）。その他雑誌『改造』への「危険思想と哲学的精神」などの投稿（一九二〇）や単行本『カントの平和論』（一九二二）などで、哲学の本領である批判的精神の鼓舞を社会にアピールした。

ここで少し彼の言葉を引用しながら、人間解放の頭脳である哲学の果たす社会的役割に思いを致したい。

この『改造』論文で彼は断言する。哲学はもともと批判的精神の発露であり、為政者にとっては危険思想とみなされるのが常であった。ソクラテス、コペルニクス、孔子などはみんな危険人物だった、と。しかし、この哲学的精神は歴史を発展させる動力の一つであり、多くの犠牲を払いながらも連綿と受け継がれてきたいわば宝であるという。これは当時の「危険思想」を擁護するものであった。彼は、歴史の発展に対するほんとうの障害・危険はこの哲学的精神が認められず、萎縮することである、と世に訴えたのである。

朝永のこのような社会的発言は現職の大学教授としてかなり勇気ある行動であった。彼の教え子の哲学者・船山信一は述べる。「『カントの平和論』のなかで彼の永遠平和論、および共和制論を取り上げ、並々ならぬ政治的関心のほどを示されている。(…)このことは(…)勇気なくしてはできなかったことであろうと思う。」[12]

このような朝永の実践的態度、哲学的精神は研究者としてよりは社会に働きかける哲学者のそれであり、「哲学啓蒙家から啓蒙哲学者への一歩を踏み出」(同)した人である。実にこれはカント精神の、戦前日本における優れた発現であると言えよう。

このように、哲学的精神で社会改造に努める、具体的には平和で民主的な社会と世界を目指す共同行動を力説する朝永の言論活動も、あの戦争を止めることはできなかった。戦後、彼が残した苦渋に満ちた文は、新たな戦前と言われる現在の私たちが肝に銘じるべきものであろう。

「長いとしつき日陰の身となって居た此小著〔『カントの平和論』〕が、時勢転展の結果、日の目をみうるやうになったことは著者に取っては軽き悦びであるが、併しそれは、平和主義が迂儒の空想として放棄せられるやうな時が来はせぬかといふ、よもやと思った初版序文の懸念がまざまざと現実となった結果の悲しむべき大いなる犠牲を介してのことであることを思へば、感慨は深い。」[13]

ところで本書は「悩み」について考えることから始まったが、朝永ももちろん、いろいろと悩んだことがあった。進学する際には学費のために養子縁組の話もあり、さらに功成って大学教授となった後も、退職を望むほどの危機的状況に陥った。一九一九年、彼が四八歳の時のこのピンチを、温かい友情で慰め助言し、そして励まし支えたのは西田幾多郎の友情であった。[14]

［父の戦争体験］

ちょっと待て、と誰かが口を挟んでいるようだ。君の戦争の話は余りにもぼんやりしていて、かつ教科書的ではないか。数学の話題じゃあるまいし、具体的に表現してくれ。第一、君は人間、人間と言うが、第一章に「僕らはみんな生きている」と生き生きと書いたじゃないか。

では、私の父たちが体験したことから始めよう。残念ながら、いや幸いなことに、私は平和憲法の下で実際の戦争を直に体験したことはない（ただ、日本がアメリカに協力して朝鮮戦争やヴェトナム戦争などに加担した歴史はあるので、人ごとではないのだが……）。

この前の戦争、わが国の歴史上最大の悲劇であったアジア・太平洋戦争。軍人だけでなく中国など「外地」（侵略地）で犠牲になった「民間人」（帝国主義的企業の者）や、「内地」での原爆を含む空襲による被害者。そして、ここからの話は「満洲」と呼ばれた侵略地でのことである（父の手記より[15]）。

父は、満洲のある紡績会社の社員であった。ただし、日本人は一部で、労働者のほとんどは中国人である。つまり帝国主義企業である。父母らの生活はかなり裕福で、寒い満洲とはいえ、家はレンガ作りで窓は二重に造られていたため、暖炉のある部屋は真冬でも春のようだったという。当然、中国人のほとんどは貧しかったはずである。

さて、戦争が終わった。すると、現地では支配・被支配が逆転した。

「昭和二十年八月十五日、（…）日本内地のようにB29の空襲に次ぐ空襲で家を焼かれ、家族を亡くして離ればなれになる悲惨な状況は余りなかったとは言え異国人（中国人他）との共同生活をしていた社会構成においては、敗戦による立場の逆転の結果がどのように現れるか（…）が恐ろしかった。」

父はその時の不安な心境を綴った後、今度は相手の立場に身を置き換えて冷静に続ける。

「日本の侵略政策によって外地にある日本人（特に軍人・警察など）の暴力行為はほしいままに行われ、満洲人（これからは略して満人と呼ぶ）等が被ったその被害は膨大なものであったに違いない。その証拠には終戦直後、満人らが日本人家屋に略奪に来て言うセリフに、『俺達がこの位のことをするのは当然の事だ。お前ら日本人は俺達の親兄弟を殺し、家を焼き払ったのだぞ！』という言葉をしばしば聞いたし、そう言われても何の弁解もできず、只、歯をかみしめて耐えるより仕方がなかった。」

そして、それまでの現地でのこと、特に中国人との交流についてこう述べている。

「私は結婚（大村で）、そして渡満以来、遼陽の満洲紡績株式会社（今の富士紡績会社の満洲工場）に勤め、青年社員として張り切っていた。会社には現地の満人約三千人程を工員として雇っていたが、私は一つには中国語を勉強しようと思って工場内でもつとめて満人に接していた。（…）心の交流は自然と溶け込んで、言わず語らずの内に笑顔で挨拶するようになった。その中でも特に第一工場で係長として働いていたハン・フー・コンや常に首から数珠を下げていた信仰心の厚かった警備係のリュウ・ホイ・ジャー、（この二人は後に死線から私を救ってくれた恩人である）は本当の意味で（…）真の人類愛を心に持った人間であったと思う。」

ところで、この会社は終戦後も廃業することなく営業を続けていた。しかし状況は厳しい。

「私は指原専務取締役外、重役たちの信任を得て終戦後の最も悪い状況下に会計課長補佐となり、更に最も困難である警備課長も兼務することになって、まだ三十三歳の若年であったが、身の重大責任を感じて引き受けた。その折、専務は二つの辞令を渡す時に次のように言った。

『力武君、時代は変わった。それも未だ嘗てない日本も苦しい土壇場の時、外地においての我々の身分は誰の保証もなく浮草のようなものだ。しかし、私は日本人としての、又、会社の責任者としての誇りと信念と責任をもって、会社を維持し社員の皆さんを何としてでも祖国日本へいつの日か送り返すつもりでいる。これからの毎日は非常に厳しいと思わなければならない。この厳しい状況下にあって、君に警備課長も兼務させることは忍びないが、君を信じて頼むのだ。よろしく頼むよ』。

私の目をジッと見つめながら言われた。その熱意のある目をみた瞬間、『よし！　この親父のためならやるぞ！』と新たな決意が燃えた。」

父は、会計はともかくも、警備では大変な苦労をしたであろう。

「終戦時の空白の二、三日。それは毎日が『不安』の二字に尽きた。土民が麻袋と棍棒を振り上げて、怒号をあげながら、会社正門より殺到して略奪を試みようとするのを防御するのは並大抵のことではなかった。」

そして会社内では、重大なことが決意されたのである。

「（…）午後、課長以上の緊急会議があって、この不時の非常事態における今後の管理・経営方針や祖国への引き揚げまでの治安維持対策などについての取り決めがあって、ごく秘密のうちに、万一の場合のために各人に青酸カリが一錠ずつ手渡され、家族といえども絶対無言であることを言い渡された。」

その後季節はめぐり、三月になると「今までのソ連の支配よりこの八路軍に移った」。しかしついに事態は急展開する。社員を無事日本へ引き上げるために会社はまとまった金を地下に隠していたが、それが発覚したのである。

「ついに運命の日、三月二十一日がやってきた。満洲の春はまだやってこない。この日は朝からどんより曇って、今にも小雪が降りそうで手足は痛いほど冷たかった。

何回も高額金隠匿の罪を追及し、拷問までに及んでいた八路軍も、とうとう業を煮やしてか、それぞれの責任を持つ幹部六名を重役室に集め、上半身を括って床に土下座させていた。」

そして父も、後でその集団の中に入れられたのである。ただし両手は縛られなかった。

「彼ら八路軍の幹部はやたらピストルを窓の外へ向かって連発し、私たち七名を威喝していた。窓の外は暗雲低迷して小雪がチラチラ降っていた。遂に来るべき時が来た。彼らの中の最高幹部とおぼしき者が私たち七名に次のように死刑の宣告をした。

『お前ら日本人は我ら中国人に対して暴虐無人、多くの悪逆行為をし続けてきた。特にお前らはこの会社の責任者でありながら、我らを欺き、それぞれの立場で私利私欲を満たしてきた。この行為は死に値する。よって今から銃殺刑に処するが、その前に代償の一部として、各人の家より物品を取ることにする。』」

あまりに長くなりそうなので、後は要約しよう。

銃殺刑の途中で、そう、あの『走れメロス』のように二人の中国人が駆けつけてきて、父には大した責任はないと助命を訴えたのである。あの、ハン・フー・コンとリュウ・ホイ・ジャーである。そして、父一人だけが生き延びた。

戦争の話は何も戦場だけではないのだ。その後、日本に引き揚げた父母は、栄養失調の長男と、佐世保の名前ばかりの病院で別れることになる。その直前に言った言葉、つまり最後の言葉は「タマゴがたべたか」。三歳の子どもは、父が闇市でやっと手に入れたタマゴを手に握ったまま亡くなった。

しかし、待てよ。ここまで、戦争の戦争たる戦場のことに触れていないのは手落ちだ。戦争の被害についてはよく記録され語り継がれているが、さて、「殺し」の現場、加害の様子はどうだろうか。これは触れたくない、忘れたい内容だ。すなわち戦争の「悪」の証言だ。
長崎人権平和資料館では、日本が行った中国・朝鮮での加害行為が展示・解説されている。また、ビデオ『証言』[16]は、三人の元兵士が中国で行った残虐行為をあからさまに証言した記録で、彼らは戦後の人生をこの証言活動に傾注し、二度とこの蛮行を繰り返さないよう訴え続けた。

「命を賭けて戦争に反対した人々」

ここでどうしても、戦争への道に立ちふさがった勇気ある人達を素通りするわけにはいかない。

先に、自らの良心から戦争に協力しなかった医師の例を見た。同じ医者だが、今度は大勢の仲間と共に、戦争と暗黒政治に対して立ち向かった人である。前述の「人間が、卑しめられ、屈従させられ、見捨てられ、軽蔑された存在としておくような一切の諸関係を、くつがえせ、という定言命令」を実践した人である。

貧しい人たちのための医療として起こった無産者診療所運動。そのほぼ二〇年の活動に長く関わった医師・金高満すゑ（一九〇八〜一九九七）。

「無産者医療に青春を掛けた女医　金高満すゑ

［ふるさと］金高満すゑは一九〇八年、軍港・佐世保に生まれた。海軍工廠に勤める父と心優しい母のもとでの幸せな日々は長くは続かなかった。彼女が小学一年時に母を、三年時に父を亡くして運命は急変、隣村の炭鉱主・佐治家の養女となる。

佐世保高等女学校へはそこから三里もの道を歩いて通った。（…）

［東京女子医専］一九二五年、後に収容されることになる市ヶ谷刑務所のすぐ近くに建つ東京女子医学専門学校に入学した。

市職員の従姉と関東大震災後二年経っても避難生活をしている人びとの中に入って、『病人はいませんか。子どもは元気か』と歩きまわった。その後、医専の学生が企画・運営する貧困地域での無料診療という社会的活動にも積極的に活動した。

一方、小学時代から旺盛な読書家であった満すゑは『資本論』をはじめ多方面の書物を通して科学的社会主義の道を進み、学内の社会科学研究会に属した。

さらに学外の活動家との交流も広がり、『第二無産者新聞』の配布など検挙の魔手を避けながら活動に従事したが、三一年三月卒業試験のさ中、ついに彼女は［治安維持法違反容疑で］捕らえられた。

［無産者診療所］早稲田署に留置後、不起訴で一時ふるさとに帰った彼女は家出を決意、卒業できないまま、つまり医師の免許なしで日本最初の無産者診療所である大崎無産者診療所に勤

めることになる。

実は彼女は学生時代に『新興医師連盟』設立のための会議に学校代表として参加したり、当時の先進的な医療関係者とのつながりがあったためこの進路はほぼ決まっていたのであろう。

この診療所は医療関係者の他、地域の労働者、農民、無産市民など広範な民衆が参加し運営するもので、解放運動で倒れた同志も含む民衆の医療に尽くした。

そして労働運動や消費者運動、プロレタリア文化運動などとも連帯する大きな階級闘争の一翼を担った。

［私の大学］大崎から亀有、千葉北部診療所と勤めが変わった後、彼女は非合法の日本共産党に入党。地下活動中、ついに二度目の検挙となった。四谷署、上野下谷署から市ヶ谷刑務所へ。満する ゑは卑劣な拷問にも耐えつつ、『私の大学』と自ら言うほどの人生体験をした。

それは底辺に苦しむ人々への愛を深めたことと、搾取と強権社会を変革する強固な闘志の成長である。（略）女子医専への復学も叶い、やっと念願の医師免状を得る。（略）

［再起と終焉］弾圧で潰された無産者診療所で唯一残ったのが新潟の葛塚と五泉の診療所である。彼女は五泉に四〇年秋に赴任。冬、橇での往診では『酔いで半病人となって』の勤めにも若き生命は燃えた。

そして四一年四月、これら最後の診療所も権力の刃にかかり、約一〇年間の無産者診療所の歴史は終わった。そのほぼ最初から最後まで関わった医師・金高満する ゑは、この炎を戦後の民医連へとつないだ一人である。」[17]

戦争下にあっては、経済的、暴力的に貶められるだけでない。政治的、社会的な屈従を強いられる事例にも事欠かない。人間が人間らしく扱われないこと、難しい言葉では人間疎外といわれる事象の一例として、カントへの言論弾圧について見てみよう。やっとカントに戻ってきた。

［言論弾圧］

第三章で詳しく述べた「批判」、すなわち物事を根本から吟味、検討することを背骨とするのが批判哲学といわれるが、この批判精神は、往々にして国家権力と衝突する。老カントにも、権力のハンマーは容赦なく振り下ろされた。

一七九四年一〇月一日、プロイセン国王フリードリヒ・ヴィルヘルム二世は、七〇歳のカント宛に手紙を出した。王の「勅令」という（日本も戦前は天皇による勅令が度々出され、歴史を変えることがあった）。

「国王　フリードリヒ・ヴィルヘルム

汝が汝の哲学を如何に濫用し、聖書及びキリスト教の主要にして根本的な多くの教説を歪曲し、貶め、侮辱することになったか、即ち汝がその著作『単なる理性の限界内の宗教』において、また同様に他の小論文においてそのようなことを如何になして来たか、朕はすでに長期間にわたってこれを見てきており大いに不興とするところである。朕は汝の改悛を期待してきた。けだし汝自身、そのようなことによって青年の教師としての汝が義務と、汝もまったくよく心得る朕の国父としての意向に、無責任にも反したということを認めているはずだからである。

朕は良心の最深奥からなる責任ある回答を至急に求めるものである。また、朕の不興を避けるべく、将来汝が同様のことで罪を犯さず、むしろ汝の義務に従い、朕の国父としての意向が以前にも増してより多く実現するように、汝の声望と才能を供することを期待する。これに反してさらに不従順を続けるようならば、汝は必ずや下される不快なる処分を待たねばならない。

委任により　ヴェルナー　［署名］

一七九四年一〇月一日　ケーニヒスベルクのカント教授へ」

これは宗教についてのカントの著書についての叱責、威圧、脅迫である。今後一切黙れ、との命令である。おとなしく従わなければ何らかの処分をすると。

カントへの言論弾圧は、当時の世界情勢を背景に起こった。一八世紀後半は、フランス大革命を中心とした動乱の時期である。一七八九年七月一四日のバスティーユ襲撃から封建制廃止、国王らの処刑へと革命は過激化し恐怖政治と呼ばれる悲劇をもたらすに至るが、この波紋は当然隣国へも伝わり、プロイセンでも王政を維持するための統制、弾圧政策が必死に実行された。フランス革命前の一七八六年、「啓蒙」君主・フリードリヒ「大」王からその甥へ王位継承があった。これが、まさに問題となっているフリードリヒ・ヴィルヘルム二世である。ここで、大臣・ヴェルナーを中心に啓蒙主義者（今でいう民主主義者）を一網打尽にするために、言論の統制が強化された。一七八八年の検閲令がそれである。カントの先の宗教論も検閲にひっかかり、紆余曲折してやっと一七九三年に出版にこぎつけたが、ルイ一八世の処刑後、いよいよ強圧的姿勢が露わになる。王はヴェルナーに対して手紙を出した。

「カントごときやからの危険多き書物など、以後断じて横行すべからざることにて、（…）かたく緘口申し渡すべきものに候。この儀行われざるにおいては、われら二人、以後よき同志とは申しかねるものと御承知おき下されたく候。」[18]

そして先の王の命令書へとつながる。

さて、カントはどうしたか。哲学者カントは、神学者カントではない。理性宗教の立場をとる彼は、神父や牧師のようなキリスト教宣伝者ではないので啓示宗教を称揚することはしないが、さりとてキリスト教を非難するようなことは一切していないと弁明する。王に対する返書にはこうある。

「第一の点、すなわちキリスト教を貶めることにおいて私が自分の哲学を濫用しているということ、私が仰せつかりましたご指導につきましては、以下が衷心よりのお答えでございます。」

と、カントは五点に分けて自分の正しさを主張する（㉒二五二～二五六、⑱一〇～一五）。

言論の自由、批判の自由はカント精神の背骨である。彼は著書や手紙の中でたびたびこれを主張してきた。

「もし政府が、学者の仕事に係り合うことをよしとするならば、諸学および学者に対する賢明な配慮は、学派の笑うべき専制主義を支持するよりも、かかる批判の自由に庇護を与えるほうがいっそう適切である。」（④四七）

つまり、学問の世界に政府が関係するとすれば、学問の自由、すなわち批判の自由を守ることこそ主要な任務であり、干渉したり弾圧するなどはもってもほかだという。

さらに出版や講演などの表現の自由は制限されても、内心の自由、考える自由はあるからいではないかという意見に対しても、カントは異議を唱える。

「思考の自由は、市民的強制と対立する。たしかに人の言うように、話したり書いたりする自由は、上部の権力によって奪われることがあっても、思考の自由はそれによって奪われることはないかもしれない。しかしながらわれわれが、他人に自分の思想を伝達しまた他人が彼らの思想をわれわれに伝達するというようにして、いわば他人と共同して考えることがなければ、われわれはどれだけのことを、どれほどの正しさをもって考えるであろうか！（…）自分の思想を公に伝達する自由を人間から奪い去るような外的権力は、思考の自由をも人間から奪ってしまうものだ。思考の自由は、あらゆる市民的足枷にもかかわらず、なおもわれわれに残されている唯一の宝であり、この宝によってのみ、このような状態の害悪に抗してなおも策を講じることができるのである。」（⑬八四）

政治権力が学問や思想の自由に介入すれば、個人の「考える自由」まで圧殺してしまう暗黒政治だというのだ。「思考における自由はまた、理性が自分自身に課する法則以外のいかなる法則にも服従しないことを意味する」(同八六)から、それ以外の力に屈することは哲学を含めてすべての学問・思想の、ひいては文化の死滅を意味するだろう、と。

残念ながら、このような言論の自由に対する政治権力の干渉は、いつの世にも大なり小なりつきまとうものである。

[わが国では]

例えば友枝高彦の「永遠平和の使徒としてのカント」(一九二四)という論文は、国際協調のための国際連盟創設を主張するカントを称賛したもので、当時の修身教科書に採用されて生徒の健全な教養育成に貢献したのだが、軍国主義が強まり「満洲」事変を契機に国際連盟を脱退する機運が高まるにつれ、ついに政府によりこの教科書は発禁になったという[19]。

それ以前の一九二二年には、森戸辰男・東大助教授が、論文「クロポトキンの社会思想の研究」が治安法に違反するとして禁錮刑に処せられているし、一九三三年の京都大学・滝川事件は大きな抗議行動へと発展して学問弾圧史上の記念碑となっている(現在の思想弾圧についてはこの章の最後に触れることにする)。

政治権力との闘いは、いつも華々しいエピソードに包まれているわけではない。ほとんどは地味な、粘り強い、長期間にわたる活動である。何年も何十年も続くと、マスメディアもめったに取り上げなくなってしまう。その一例として、教科書裁判闘争を挙げよう。

教科書から、前の戦争の無謀さ、侵略性の記述を減らし、またはなくして、逆に戦争を美化しようという政府の動きに対して、家永三郎（一九一三〜二〇〇二）は侵略戦争の真実を正しく記述することを主張し、何十年も裁判で闘った。ともに闘う多くの人々に励まされながら。過去の過ちを繰り返さないために。

「もともと教育に関連してこの種の紛争が発生するのは（…）憲法理念に反する教育行政が強行されるようになったところに根源がある」として、彼は政府を断罪するために立ち上がった。「（…）正しい教育を守る側が原告となり、不法・不当な文教政策を執行する権力者側を被告席に立たせ」たのである。[20]

そして、彼の長い戦いを支えたのは大勢の共同者であったことをこう述べている。

「教科書訴訟では（…）多くの支援者のあたたかいはげましに支えられて、私はいつも気持ちよく法廷に臨むことができた。暴力団の脅迫を受けても、不愉快な判決に接しても、私の心が動揺しなかったのは、学界、教育界、国民世論の広範な支援が背後から私を包んでいることが明白であったし、裁判所の判決よりも歴史の審判について不動の確信をいだくことができたからである。」

彼に、この長い闘いを続けさせた原動力は何であったか。それは戦前・戦中の自分自身への反省、後悔である。

「私は、戦争中何一つ抵抗らしいこともできず、空しく祖国の破滅を傍観し、多くの同世代の同胞の死を見送るほかなかった意気地のない人間であった。(…)私には心の傷となって残っている。」

私の額には子どもの時の怪我で三針縫った跡が残ったままだが、家永氏には心の傷が一生消えないのだ。見えないこの傷は、時々疼くだろう。

「私は数百万の同胞の死を無意味なものに終わらせたくない。日本国憲法が確立した戦争の放棄と基本的人権の保障とは、貴重な同胞の血によってあがなわれた、かけがえのない尊い遺産ではないかと思う。(…)憲法の基本理念をあくまで守りぬき、これを破壊しあるいは空洞化しようとする試みに対し、国民がそれぞれの力に応じ、できる限りの努力をすることが、特に私のようにあの悲惨な戦争に死なずに生き残った世代の人間に課せられた責務ではないか。」

こうした信念で、彼は教科書検定で侵略戦争の実相、たとえば南京大虐殺などを歪曲または削除することに抗議した。そしてこの数十年に及ぶ闘いを通して、「教育内容の権力統制のいかにすさまじいものであるか、それを放任することのいかに恐ろしい結果につらなるか」を心に刻んでほしいと訴えたのである。

私事になるが、私は彼に手紙を出したことがある(そのコピーが残っていて幸運である)。

「拝啓　はじめてお便りします。長崎の一高校教師です。民衆の立場に立って教えようとし

ておりますが、なかなか思うようにはいきません。先生の、特に教育裁判闘争につきましては以前から頭が下がる思いで、多くを学ばせていただき、且つ、勇気もいただき、感謝しております。長い闘い、お疲れ様でした。微力ながら先生の精神の万分の一でも若い世代に伝え、主権者教育に生かす所存です。

さて、先生の自叙伝をはじめて読ませていただきました。感動しました。この余韻は一生続くでしょう。ありがとうございました。

（…）坂をころがり落ちるように反動化が進む今、（…）先生のいわれる『傍観の罪』を犯さないよう自らを戒めております。

同封しましたのは組合の『分会新聞』です。（…）

では失礼します。突然のお便り、お許し下さい。先生のご健康とご長寿を日本の西の果てよりお祈りしています。　敬具」

この手紙に対し、彼から葉書が届いた。

「玉稿格別ありがたく拝読いたしました。あの著作をこのように方々で引用してくださって、まことに光栄に存じます。（…）少しでも余波［を］残すことに意義があると存じます。ありがとうございました。　家永三郎　二〇〇一年一二月上旬」

この葉書には、「お手紙を読んで涙ぐんでいました」との、奥様からの添え書きもあった。

今、この葉書は小さな額に収まって私の部屋に鎮座している。

次は彼の訃報を載せた新聞から（朝日新聞、二〇〇二・一二・二）。

「三二年にわたる教科書検定訴訟の原告として、国の教育へのかかわり方を問い続けた（…）。六五年の提訴以来、三次にわたる戦後最大級の教育裁判で、一貫して『検定は学問や表現の自由を保障した憲法に違反する』と主張した。その名を冠して『家永訴訟』と呼ばれた。」

「家永三郎さんは並外れて骨っぽい学者だった。（…）強靭な精神の（…）。（…）右翼、軍部の攻撃にさらされ、発禁処分を受けながら自説を曲げなかった美濃部博士に、がむしゃらに対決する自分を重ねていたようだ。」

自由や権利は、「棚からぼたもち」的に得られるものではない。

「この憲法が日本国民に保障する基本的人権は、人類の多年にわたる自由獲得の努力の成果であって、（…）」（日本国憲法第九七条）

「（…）この憲法が国民に保障する自由及び権利は、国民の不断の努力によって、これを保持しなければならない。（…）」（同第一二条）

現在、わが国は「新たな戦前」とも呼ばれる政治状況にあり、その政策の一環として思想誘導や思想統制の動きも現れてきている。テレビ番組や美術展への圧力、日本学術会議や大学への政治的干渉は、その顕著な例である。

これに対する反対運動は当然湧きおこる。学術会議の六名の会員に対する政府の任命拒否という戦前を思わせる弾圧に抗議し、日本カント協会は（有志の連名で）すぐにその撤回を求める声明を出した。今後の攻防戦は、これからの日本の進路に大きな影響を及ぼすであろう。

「（…）抗議します。一八世紀の哲学者、イマヌエル・カントは、『理性の公共的使用』の名の下に『言論の自由』や『学問の自由』の重要性を主張するとともに、『公表性』という観点から政治権力者がみずからの行為原理を隠すことの反道徳性を論じました。

この観点から（…）総理大臣が件の任命拒否について明確な説明を拒んでいることは重大な問題であると判断せざるを得ません。（…）やがて『学問の自由』を萎縮させる可能性をはらんでいるからです。私たちは、菅内閣総理大臣に説明責任を果たすことを求めるとともに、件の任命拒否の撤回を求めます。

日本カント協会委員会有志　（二〇二〇年一一月一四日）※氏名は省略」

この章は、実践的な哲学者についてのカントの文で締めくくろう。

「実践哲学の権威者だからといって、それゆえに実践する哲学者であるわけではない。実践する哲学者というのは、理性の究極目的を自分の行為の原則とすると同時に、その行為に必要な知識をその究極目的と結びつけている人のことである。」（⑪二三五）

【注】

1 『エマソン論文集』（岩波書店、一九七三）

2 『長距離走者の孤独』（A・シリトー、新潮社、一九七三）

3 『三浦梅園自然哲学論集』（岩波書店、一九九八）

4 『若きカントの思想形成』（浜田義文、勁草書房、一九六七）

5 『大村　年金者しんぶん　386号』（全日本年金者組合長崎県本部大村支部、二〇二三）

6 『抵抗の群像　第三集』（治安維持法犠牲者国家賠償要求同盟、二〇一八）

7 「ヘーゲル法哲学批判　序説」（『マルクス＝エンゲルス全集　第一巻』大月書店、一九五九）

8 『プラトン全集　第一巻』（角川書店、一九七三）

9 『父が子に語る　世界歴史　4』（ネルー、みすず書房、一九六六）

10 『近世における「我」の自覚史』（朝永三十郎、東京寶文館、一九一六）

11 哲学館（現在の東洋大学）の授業内容が天皇制に批判的であるとして政府が担当教師を辞職させ、当校の教員採用試験受験資格も剥奪した事件。

12 『朝永三十郎先生の思い出』（同編纂会、一九五七）

13 『カントの平和論』（朝永三十郎、改造社、一九四七）

14 『西田幾多郎書簡集』（岩波書店、二〇二〇）

15 「在満時代の最も印象に残る思いで」（力武英夫、ミニコミ紙「あけぼの」第一号）

16 『証言――侵略戦争――人間から鬼へ、そして人間へ』（証言者：土屋芳雄、富永正三、永富博道、一

九九一、日本中国友好協会）

17 『不屈』第570号（治安維持法犠牲者国家賠償要求同盟、二〇二一）

18 『カント』（U・シュルツ、理想社、一九八二）

19 『カント全集』（理想社、第一二巻付録、一九六六）

20 『人間の記録㉟家永三郎――歴史学者の歩み』（日本図書センター、一九六七）

第Ⅲ部

共なるもの――「自・他」交わる世界

インドのノーベル賞作家・タゴールの言葉にこういうのがある。

「あなたは私という壊れやすい器を満たし、(…)私を通して美しい音楽を奏でる(…)。」「あなた」は神であろう。いつも神がそばにいる、神によって不全な私は満たされる。限りある存在、死すべき存在が無限なるものに包摂される。

そのような心境は、迷いのない、時空を超越した悟りの境地のようなものだろう。そうした伴侶があればどんなに幸せか。幸福とは神とともにあること、といったのはヒルティであったか。呼べば応えてくれる。苦しみを吐き出せば、優しく慰めてくれる。楽しさを表わせば、ともに喜んでくれる。一心同体、ベター・ハーフ。満たされた心には、不安というものは無縁だ。その「あなた」は、人間の一人か複数であるかもしれない。あるいは山川草木、生きとし生きるもの、森羅万象……であるかもしれない。「あなた」ではなく、「あんた」「お前」「君」に変えてもいい。

ところで、私たちの心の働きは普通、知・情・意の三つに分けられる。知と意はわかりやすい。しかし情とか感情という言葉は、その意味するものがあまりにも多く、深い。カント流の表現によれば、「理論理性(知)」と「実践理性(意)」を仲立ちする判断力または構想力の領域であり、知のように対象を「規定」するのでもなければ、意のように新しい出来事を起こす原因、つまり自由の源でもない。情にもいくつかの段階があり、五つの感覚器官による感受のレベルを超えたところの、一種の知的な要素を含む感情は、主体と客体の間に起こる価値賦与、新しい価値創造の世界をもたらすであろうという。つまり、美と崇高の世界。そして人生につきものの悲哀と歓喜、苦悩と悦楽の世界では、前者は人に思考と意志の働きを要求し、後者は「主客未分」の恍惚の境地となる。夢に胡蝶が現れたのか、私が夢の中で胡蝶となったのか、というあの世界である。

そのような境地こそわれわれの目指すべき理想であり、もしかしたら対自的ならぬ即自的な存在である無機物や原始的な生物の在り方に近いものであるのかもしれない。でも、「意識」をなくすことのできないわれわれ人間は逆戻りができない。だから迷いや苦悩のない理想（郷）を求めざるを得ないのだろう。社会的な意味での理想郷と、個人的な意味での仙人の境地。そこへ向かう道は一直線であるとは限らない。螺旋形であるかもしれない。または円形かもしれない。

充実した生活になくてはならないこのベター・ハーフは、人によっては楽器であることもある。世界的ヴァイオリニスト・メニューインは、ある著書の「献辞」に愛人であるヴァイオリン（愛器）についておもしろく書いている。

「最愛の妻・ダイアナに。
あなたなしには、この著述に対して必要な
心の支えと安らぎを、決して得ることができなかっただろう。
あなたはまた、夫を、夫のもうひとりの愛人である

「ヴァイオリン」と、ともに分かちもつことの意義をよくわきまえた人である。」[1]

考える存在だけでもない。自然と関わり社会での役を演じるだけの存在でもない。さらにそれらを通じて、それらの真っただ中で湧き出る喜びを感じ、それに感謝する存在でもある私たちを実現していきたいものである。

もちろん個人主義を主張しているのではない。社会的、歴史的な状況の中で、理想社会をめざしつつ個人の喜悦と満足をこそ実現したいものである。

第Ⅰ部・第Ⅱ部が「自と他」なら、この第Ⅲ部は「交わり」となろうか。最後は、地上の私たちがともに手を取り合って歩むべき道を遠望して締めくくりとしよう。

第七章　友

［共なる友］

私たちには親しい人が必ず何人かはいるものだ。まずは肉親や配偶者。それから、尊敬するとまでいくかは別として、仲の良い、気楽に話せる人も少しはいるだろう。また、何かをする時に共同で、それこそ腕を組んで行動をともにすることもある。サッカーチームの一員として各選手が大会で惜敗した時の、ともに流すあの涙……。以前勤め先の学校でボクシング部顧問をしていた時、試合の後のミーティングで主将がこう言った。「リングの上では敵だけど、リングを降りたらみんな友だちだよ」。対等の存在であるスポーツマン同士ならではの言葉であった。慰め、励ますのが友。「分かたれた喜びは二倍の喜び、分かたれた痛みは半分の痛み」ということわざは、ドイツ語の辞典にも載っている。そういえばカントにこんなくだけた文がある。

「人を動かす力は三つある。物理的な力と化学的［生物化学的］力、そして励ます力」（⑮三八一）

さて、カントにも多くの友がいた。社交的な彼は、よく友の家で、あるいはわが家での会食を楽しんだ。彼と同じ学者の他に商人、銀行家、船乗り、外交官、貴族、軍人とその職業もさまざまで、数人で食卓を囲み歓談は数時間にもおよんだそうだ。その時、学問的な話はご法度であった。彼は著作のあちこちでなごやかな会食の「文化的」な意義を強調する。『人間学』から引用しよう。

「真のヒューマニズムと最も調和するように思われる安楽は、善良な（それと、できればそのつど違った顔触れの）交際仲間による美味しい食事の集いで」（⑮二四五）ある。だから孤食は不健康という。

「一人で食事をすることは、哲学することを専門とする学者にとっては不健康である。それは身心の力を回復することにならず、かえって身心の消耗となり、思想を空っぽにする労苦であって、思索に生気を吹き込む遊び［戯れ］にならないのだ。」（同二四八）

「反対に飲食を楽しみながらでも快活さが得られるのは、こちら自身では思いもよらなかったような新しい論点を食卓仲間の内の一人があれこれ変化に富んだ思いつきによって提供してくれ、それによってこちらの生気が蘇る場合である。」（同）

と、気の合う友との「共食」をアピールしている。

カントにはそれとは別に、会うことはないか、会っても話し込むことまではない友が大勢いた。手紙の友、ペンフレンドである。現在残っている彼の往復書簡は約千通、日本語訳（㉑、㉒）されているものは三六五通ある。その一部を紹介する前に、「友とは何か」を少し考えてみたい。

［トモ］

平凡な言葉、日常的にしょっちゅう飛び交っていることば、「友だち」。最近はママ友、メル友などの新語までよく耳にする。しかしあまりにも近すぎると、よく見えないということがある。そこで、このあまりにも慣れ親しんでいる「友」を辞典でひいてみた。

まずは友の字の成り立ちについて、「く」の字に曲がった二本の腕の絵があって「かばうように曲げた手」と説明があり、ここから手でかばい合う二人という意味になったとか。「助ける」という意味の「祐」や「右」も同類の語であるとのこと。かばう、庇う。これはかなり濃密な友、親友、真友であろう。身内にかなり近い友、か。前章に出てきた二人の中国人は、私の父にとって真の友であった。

支え合う友、で思い出す。私は木（硬いツバキやシャリンバイ、最高は黒檀）で小物をいろいろ作るのが好きだが、その中に「輪っか」がある。二連輪っか、三連輪っかは鎖のような形で、それを手の中で動かしながら構想を練ったり、回想にふけったりするのに用いる。机上に置くと、何となく人と人が支え合っているようにも見える。特に三連輪っかは上手く積み上げると三つがバランスをとって静止するのだが、その姿は親友（真友）が互いを支え合っているように見え、そして全体が美しく調和している。友同士の関係はまさしくこれだ！　と一人合

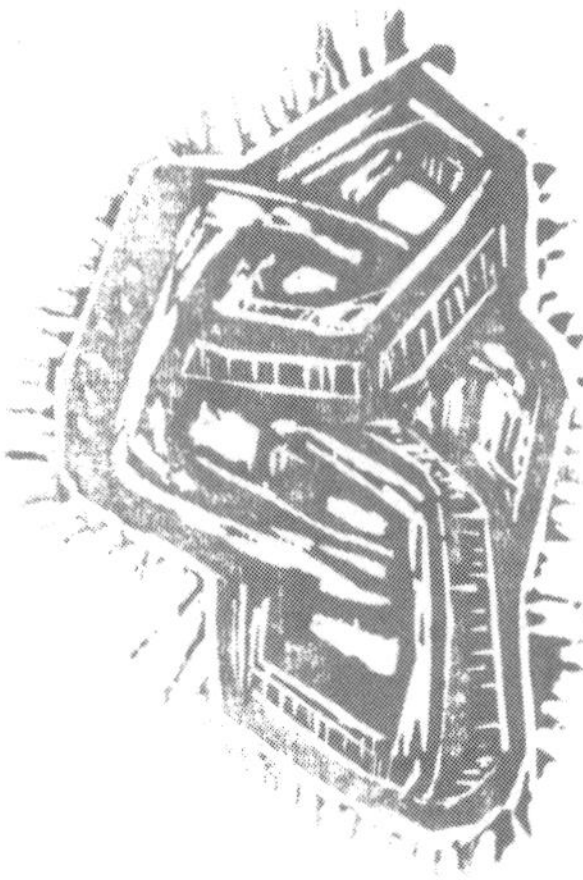

点したものである。そういえば人間が身体で作る造形、たとえば体育祭でおなじみの「組み体操」も、友情の美しさを表現したものと解釈できそうだ。

友＝トモには、「共」の語もある。苦楽をともにする、の共。二本の腕で物をささげ持つ姿を表した象形文字。「一緒に」という意味で、共同・共存・共有・共鳴・共和（制）・共産（主義）など、よく使う語だ。カントが受けた言論弾圧のところ（第六章）で、思想を内心に持つ自由だけではなく、それを公表し思想の交換をともにする自由が必要だと述べた。この共同使用もこの「共」である。

さらに「伴」もある。伴侶・同伴・伴奏・伴走の伴。昔は「お相伴に与る」なども使われていた。辞書では、もともと一体であったものが二つに分かれた片方という意味、つまり相棒だと説明がある。このことは私たちの想像力を逞しくする。例えば、プラトンの『饗宴』に出てくるディオティマとかいう女性の話にこういうのがあったのを思い出す。

「人間はもともとは一つの球であった。それが、どんな理由でだったか、半分に割られてからは互いに欠けた半分を求めてやまない。恋焦がれる。これが恋愛（エロス）なのです。」

なるほど恋人や配偶者のことをベター・ハーフというのはこれだなと思う。

ここで、美しいカップルのことを思い出す。といっても南の鳥のカップルである。その名はニワシドリ（庭師鳥）。雄は二人の結婚式場を一人で、いや一羽で丹精込めて作る。自然にある美しい草花以外にも、あちこちで拾った人間が作ったビーズなども混ぜて会場を装飾する。大した新郎だ。そこに招かれる新婦の気分はいかばかりであろう。

言葉の分析はこれくらいにして、友というのは自分と共有するものがあって、しかも気安く交わることのできる間柄の人のことと言えるだろう。外向的と内向的、派手と地味、などと一見別タイプの人間同士ということもあるだろうが、違いの中に潜在する共通点は、いわゆる興味・関心や、広い意味での性格であると思われる。

ところで、カントによれば性格とは気質と違い、道徳的な色合いがあるという。「確たる性格には、理性に由来する、つまり道徳的＝実践的な諸原理から導かれる格率［行為の基準］が要求される。」⑮二六八）。生まれつきや習慣によって培われた気質に対して、その人の意志によって自ら作ったのがその人の性格であり、「性格は自然に身についたというのでなく、そのつど獲得されたものである。」（同、二六九）。そして、「性格の創設は、生き方全般に関わる内的原理を絶対的に統一することを意味する」。だから、性格はいわば「再生」によって、あるいは「突然訪れる炸裂によってしか出現することはできない。」（同

いわゆる価値観というものだろう。特に道徳的な面での価値観。たとえばAさんはおべっかや太鼓持ちを嫌う孤独なタイプで、Bさんは明るく社交的で一見八方美人的だが、世の不正と

欺瞞を許せぬ正義の人である。このご両人が友達である。

したがって友だちというものは、道徳性が似たもの同士ということのようだ。個々の行為や判断が似ているのではなく、物事に対する態度・心構えが似ているのである。「徳は孤ならず、必ず隣りあり」という古い言葉がある。立派な人は独りぼっちということはない。その人の人格は必ず周りに影響を及ぼす。つまりその人を敬愛する友が必ずできる、という。「その人の友だちを見ればその人がだいたいわかる」というのも真理であろう。

敬愛と言えばカントには次のような文がある。

「友情（その完全性においてみられた）とは、二つの人格が相互に等しい愛と尊敬とによって結合することである。（…）人間における友情は、人間の義務である。（…）友情は、（…）実践的、必然的な理念であり、（…）それへと努力するよう理性によって課せられた、通俗的どころか名誉ある義務である。」（⑪三六〇）

ここで具体的な話に入ろう。カントの生涯にわたる友については次の書簡で紹介するが、あまりにも身近な存在であるからこそ手紙など書かないという親友もいるものである。その一人、ジョセフ・グリーン（一七二七頃〜一七八六）は、イギリス人でケーニヒスベルクに移住した商人。学問にも通じた人であった。以下は前出のU・シュルツの本からの引用である。時はアメリカ独立戦争の前。

「ちょうどその頃、カントは散歩の途次、とあるあずまやに立ち寄り、そこで、一人の知人と何人かの未知の人々に出会った。話題は、やがて現下の政治情勢に移り、カントは、ここで、アメリカの人々の立場を弁護し、したがって当然イギリス人を難じて、一席弁ずることとなった。

突然、一同の中から一人の男が進み出て、自分はイギリス人として侮辱をうけたと宣言し、決闘で決着をつけようと申し出た。

カントは、この怒りの爆発にあっても少しも驚いた様子がなく、彼の信ずる政治的な原則を諄々と説いた。この冷静で事態に即した説得にあっては、くだんのイギリス人もその帰結を認めないわけにはいかず、カントの許しを乞うて握手を求めたのであった。

この、しばしの敵対が、長い年月にわたる友情のもととなったのであった。カントは、『純粋理性批判』のどの命題にしろグリーンと相談し、グリーンの吟味を経ることとなしに書いたものは一つもないと主張している。経済的なことについてもグリーンは専門家として、カントのよい相談相手であった。」

前に述べた理性に裏づけられた性格、あるいは道徳心が共鳴したのであろう。

そういえばシラーの詩に「友と敵」というのがあった。ここでは敵から友へ、ではなくて永続する敵と友であるが……。

「友は私を愛する、しかし敵は私を利することもある。友は、私は何ができるかを教え、敵は、私は何をすべきかを教える。」

なかなか含蓄のある詩だ。が、これを解読するのはかなり難しい。社会での戦い、社会運動での敵と友について多くの示唆を与えてくれる豊かな詩であろう。
しかし、もっと寛大な態度、敵や反対者をも受け入れるという寛大さもあるだろう。特に武器ではなく言葉による闘い、つまり論戦では。先のグリーンとのやりとりはその一例である。
「私は、理にかなった反論に対して、(…)そうした反論を常に自分の判断の中に織り込み、そして、もとから持っていてそうした反論がない時には好んでいた考えすべてをご破算にする権利をその反論に与えさえするのです。私は、そのことを通して、自分の判断を他の人の観点から公平にながめて、私がそれまで持っていたものよりもよい第三の何かを発見できればと、常に望んでいます。」(ヘルツ宛て、一七七一・六・七、㉑六三)
『純粋理性批判』に対するガルヴェの批評が誤解によるものだと激昂したカント。しかし、結局は学問上の疑義は両人の誠実さによって円満に解決し、その後は良き友となったのも有名な話である。このような事例は、特に学者には多いだろう。

[カントの友だち]

さて、カント書簡集に戻ろう。手紙の書き出しと終わりは常套文句の「敬愛する師であり友である……」などだが、ここでは宛先を大きく二群に分けてみる。一つはいわば同列の人々、その多くは学者、研究者である。もう一つは、いわゆる教え子や読者。

書簡集の中で最も多いのは教え子の医者、マルクス・ヘルツとのものだろう。まずはこの二人の熱く豊かな交友関係を羨ましそうに褒めたたえた、哲学者モーゼス・メンデルスゾーン（作曲家フェリックス・メンデルスゾーンの祖父）からカントへの手紙（一七七〇年一二月二五日付、ベルリン発）。第五章に出てきたあの人であるが、この手紙の頃、両人は会ったことがない。四一歳のメンデルスゾーンと二三歳のヘルツは、ベルリン大学での同僚だった。

「誉れ高く、とくに尊敬すべき教授

マルクス・ヘルツ君は、あなたの教育によって、（…）さらにより多くはあなたの思慮あふれるご交際によって、哲学者としての修養を積んできました。その彼は、あなたがご覧になるなかで歩み始めた経歴を、今立派に歩み続けております。（…）私は彼を心から愛しており、彼とのつきあいはたいへん楽しく、それをほとんど毎日もてるということに私は満足しています。（…）彼は、聡明な悟性、やさしい心、穏健な構想力、そして国民にとって当然であるように思われるある種の繊細な精神をもっています。まさにこの天賦の才能がこんなにも早く真と善への道につながったことは、彼にとって何と幸運なことでしょう。」

一方、メンデルスゾーンは「そうでない」多くの不運な人にも思いをいたす。

「この幸運をつかむことなく、真理と誤謬との途方もなく広い空間の中に放ったらかしにされつづけ、けっきょく時間も能力もないために、長い間探しまわったあげくにようやく見つけた道を進めずに終わるほどまでに、その貴重な時間と最高の力とを数多くの無益な試みによって消耗せざるをえなかった人が、何とたくさんいたことでしょう。」

そして子どものように、「私も二十年前にカントのような人と友人であったらなあ」とため息をもらしている。

さて、当のカントとヘルツご両人の便りを見よう。

四二歳となったヘルツは医者としての仕事が忙しく、哲学の勉強がおろそかになっていることを残念がって、次のように書いた（一七八九年四月七日付）。

「遺憾ながら私はあなたの学恩から著しく退化してしまったために（…）。あなたが私のうちにきわめて卓越したかたちで賦与してくださった魂の諸力を行使することにより、私にもあなたを尊敬するだけの資格があるということを、時にはお見せしたいと思うのですが、残念ながら私は今それができる立場にありません！　私は実務の領域［医者の仕事のこと］におり、日ごとますます広がりゆくこの領域に包囲されて、まったく身動きができません。そのため残念なことに、私は物理的にも精神的にも、あの甘美で崇高な思弁に、あまり熱心に関与することができないでおります。」

このように謙遜しながらも、彼は努力を怠っていない。

「（…）あなたの数々の不滅の著作を、私はほぼ毎日拝読し、それについて友人と勤勉に語り合ってもおります。」

「しかし、この体系［カントの哲学体系］を完全に把握し、洞察し尽くすことは、残念ながら私の実務生活のなかでは、まったくできませんでしたし、告白させていただきますが、こうした不如意を思うと、私の人生の少なからざる時間は陰鬱なものになってしまいます。」と、無念さを隠せない。しかし、この手紙のずっと前には、自分がカント哲学を講義して充実していることを恩師に伝えているのである。一七七八年一一月二四日、ヘルツ三一歳。

「敬愛する教授　敬愛する先生

（…）私はこの冬、空想をめぐらせて願っても決して思い至らなかったような幸福を味わっています。私は、今日でもう二〇回なのですが、一切の予想を上回る賞賛を受けつつ、あなたの哲学説を公開で伝えています。聴講者の数は日を追って増えており、すでに三十数人にまでなりました。地位のある人たちや専門の学者の方ばかりです。」

その中には大臣もいて、

「大臣は、私の講義室にいつも最初にやってきて最後に退室されます。他の誰一人としてそういう人はいないのですが、これまでのところまだ一時間も欠席されたことがありません。」

と嬉しい報告をした後で、

「かけがえのない先生、私は認めなければなりませんが、この講義は多くの側面から見てきわめて注目すべき現象の一つです。私はあなたを通じて、本当にあなたを通じてのみ、またとない時間のなかで至福を味わっています。この至福の一〇分の一でさえ、この世で私が行うすべての行為をもってしても、恩返しすることは出来ないでしょう。」

こんなに恩恵を受けた教え子に対し、カント先生はきわめて謙虚な喜びを伝える（一七八九年五月二六日付）。

「あなたのお手紙を受け取るたびに、最も価値ある友よ、私は真の満足を覚えます。私はあなたの優秀な自然素質の展開にわずかばかり寄与することができただけなのに、あなたは感謝してくださる。（…）人が間もなくこの世を去ろうとしているときに、これほど慰めになりうるものはありません。実際、たとえ少数でしかなくとも、数人の人を善き人間へと教化形成したのだから自分は無駄に生きてきたわけではない、と気づくことほどの慰めはありえません。」

先に、カントは友だちとの会食を楽しんだと書いたが、どんなものを食べ、飲んだのかに触れていなかった。かと言ってカントはメニューを詳しく伝えてはくれないので、気づいたものだけを抜き書きしてみる。

まず、カントの大好物はカブ、アブラナ科の蕪である。カブといえば『大きなカブ』の物語。お爺さんが育てた甘い大きなカブは、おじいさんだけでは抜けない。おばあさんが手伝い、孫も、犬も……と手伝う話。カントの晩年の手紙には、何度もカブの催促とお礼が出てくる。

カントよりキーゼヴェッター宛（一七九七年一〇月一三日付）、「世にまたとない友、あなたのいつもながらの元気なご様子に接するうえで、季節が運んでくる機会ほど良いものはありません。それはすなわち、テルトー蕪一樽を私宛に送ってくださるようお願いする季節が今年もまた到来したということを意味します。――ただしこの費用をあなたが負担することは、固く辞退いたします。あなたがこの蕪を昨年同様まことにきちんと、すなわち小樽に詰めたうえ、ひょっとしたら起こるかもしれない降霜に対する備えまでして、わざわざ私宛に送ってくださろうとするだけでもご親切忝いことです。」

カントよりキーゼヴェッター宛（一七九八年一〇月一九日付）、「さて僭越ながら、テルトー蕪の季節がめぐってくると、きまって私にはまたしても生き生きと思い出がよみがえってきます。この蕪をお世話頂き今冬の備えとなすことができれば、幸甚に存じます。」

キーゼヴェッターよりカント宛（一七九九年一一月一五日付）、「（…）来週月曜日にそれを荷馬車の御者に託して当地から発送いたしますが、降霜前にはお届けしたいと願っています。（…）わが郷土のささやかな名産をお気に召して頂ければ、まことに幸甚に存じます。母が今回送りますものと同じ種類のものを買ってきて、試食のため私に調理をさせたのですが、とても美味だとおもいました。」

カントよりキーゼヴェッター宛（一七九九年一二月二〇日付）、「（…）しかし私はこの贈り物を配達日が来るごとに鶴首して待っております。いつものことながらあなたがテルトー蕪を入念に切り藁で梱包してくださるおかげで、蕪は乾燥状態が保たれますので、例の霜で傷んでしまうこともないでしょうし、特に穏和な天候になったとしても腐ってだめに

なったりはしないでしょう。」

蕪について長く触れすぎたかもしれないが、カントが「鶴首して」蕪を待っている様子は絵にしたいくらいだ。

キーゼヴェッターとのやり取り以外にも、「干し果物（皮むき洋梨と皮むきリンゴ、ただしその時実をつけていなかったため干スモモはありませんでした）を、たしかに拝受いたしました」（一八〇〇年秋、カントよりレーマン宛、草稿）といった書簡もある。動物性ではタラ（鱈）のスープが大好物だったそうだ（⑯四九四）。

次は酒。カントはビールよりもワイン派であるようだ。「社交の場やお互いの意見の交流を生き生きとさせることのない酩酊には、例外なしにそれ自体何かしら恥ずべきものがある。阿片やブランデーによる酩酊はこの種のものである。」（⑮八七）として、ブランデーを麻薬と同一視して忌避する一方、「ワインとビールでは、前者はひたすらその味に魅力があり、後者は味もさることながら栄養たっぷりでしかも食事同然にお腹を満たすのであるが、これら二つは社交的な酩酊に役立つ。」（同）

社交的酩酊！

「ただ違いは、ビールでの酒宴の方はどちらかというと夢心地となって無口でありまたしばしば粗野となるが、ワインでの酒宴は陽気で騒がしくまた冗談が飛びかうといったところである。」

彼の観察眼もさることながら、彼自身かなりの「通」であるようで、この酒の評なり分析はまだまだ続く。全体的に彼は一般常識と同じく、飲みすぎはダメだが「酒は百薬の長」とでも言いたそうだ。

カントによれば、酒類は「人生全般に人類の起源の時代から付きまとっていると思われる心労を人間に忘れさせてくれるという役割を果たしているともいわれる」（同八六）ほか、次のように長所を認めている。

「お酒はある一つの道徳的な特性を呼びよせる物質的な運搬手段ともいえるが、それは〈腹蔵のなさ〉という徳目である。」（同八九）

これまた話が長くなったようだ。

先に、分かたれた喜びは……と書いたが、さらに進んで、こうも言うことができるかもしれない。円が二つある。別々に離れていたら他人同士だ。一部重なったら友である。黄色と青が重なった部分は緑になるように、友との関係には、それぞれにない、別の新たなものが生まれる。この重なり部分の大小と色合いや濃さの違いはまちまちだが……。

第八章　創造と遊び

［美を感じるということ］

第二章で、人間は物を作る生き物だという平凡な真理を確認した。あらためて、これを生きるという営みの原点として、どっしり、がっちりした足場として、信頼を寄せようではないか。物を作ると、充実感とさらに自信も湧く。

さて、生きるための糧を得るために労働は必要不可欠のものだが、「人はパンのみにて生きるものにあらず」。四季の花を愛で、自ら俳句や詩を作り歌をうたい、時にはスケッチもし、簡単な置物などを作ることもあろう。われわれはたとえ小さな存在であっても豊かで美しい大自然に感動し、さらに大宇宙の神秘に思いをいたして崇高な気分に浸ることもあろう。

知るはたらきでもなく、意欲するのでもなく、或るもの・或ることに感じる心。カントはあの難解な文章を書く彼とは信じられない、軽快で洒落た作品『美と崇高の感情に関する観察』（一七六四）でこう言う。

「崇高は揺るがし、美は唆《そそ》る。」（②三二五）

このような美を感じる働きは、彼の説明では理論理性でも実践理性でもなく、さらに単なる感受でもなく、これらとはまったく別の「判断力」によるものだという。『判断力批判』では、判断力を規定的判断力と反省的判断力とに分けて、美しいという判断は後者の方にあるとした上で、さらにその精緻な分析、解明を試みている。が、ここでは深入りせず、美の判定よりも美の創造を主に取り上げてみたい。

［美を作る］

創作、美の創造といっても、私たちの必要の世界からまったくかけ離れた空想の世界での出来事ではあるまい。

労働と芸術の中間にあるものが広い意味での技術であり、英語のアート、ドイツ語のクンストは技術と芸術の両方の意味を持っている。カントによればその違いはこうなる。

「技術は、手仕事からも区別される。技術は自由な技術と呼ばれ、手仕事は賃金［のための］技術とも呼ばれうる。技術は、あたかも遊びとしてのみ、すなわちそれ自身で快適な営みとしてのみ合目的的な成果をあげる（成功する）ことができるかのようにみなされ（…）。」（⑧一九四〜一九五）

さらに芸術は自然とも関わる。

「美術の産物［芸術作品］については、それが技術であって自然ではないことが意識されなければならない。しかし、この産物の形式における合目的性は、この産物［芸術］があたかもたんなる自然の産物であるかのように、任意の諸規則のあらゆる強制から自由であるとみえなければならない。われわれの認識能力の戯れ〔遊び〕におけるこの自由の感情は、それでも同時に合目的的でなければならないが、この〔自由の〕感情には、それだけが普遍的に伝達可能で、それでも諸概念に基づかないような快が基づいている〔基にある〕。自然は、同時に技術〔芸術〕のようにみえた場合に、美しいのであった。そして、この技術〔芸術〕は、われわれがそれを技術であると意識しながら、それでもわれわれには自然のようにみえる場合にのみ、美しいと呼ばれることができる。」（同一九七～一九八）

何度も出て来る「～かのように」がキーワードである。

［想像力］

創作の原動力である想像力（構想力）が、どんな場合によく働くかについて彼はつぎのようなわかりやすい例を挙げて説明している。これはだれでも体験する、ありふれた、しかし楽しいひと時である。

「暖炉の火のゆらゆら燃えるさまとか、小石の上をさらさら流れる小川の水があちこちと方向を変えたり、そこに泡が浮かんでは消えるさま」は、「構想力をたのしませてくれる」（⑮九二）ものだ、と。

恋する乙女のような文章ではないか。このゆらめく心の状態こそ、構想の、想像の湧き出る泉だとして、さらに彼は続ける。

「素人向けに演奏される音楽でさえも、詩人とか哲学者がじっくりと聴いているとある種の気分に浸ることができて、その結果それぞれの専門や得意なものに応じてあれこれアイデアを追っ掛けたり、ついにはそれをものにすることができるのであるが、これが自分の部屋に一人でぽつんと座っていたとすると、それほど運よくそのアイデアを捉えることはなかったであろう。」（同）

私たちの注意が「散漫に」なることによって、「思考が軽やかになるだけでなく、また生き生きとしてくる」。つまり構想力はいつも以上に「冴えた状態」になるのである。

この後に、手遊びしながらでないとうまくしゃべれない弁護士の話が続く。その弁護士はポケットに忍ばせた小さな紐を指に巻いたりほどいたりしながら話すと雄弁になるのだが、或る時ライバルの弁護士がその紐を失敬したら、当人は「すっかり落ち着きを失ってしまい」、支離滅裂な弁論しかできなかったとのこと（同九三）。作曲家・指揮者のヴェルディも、ポケットに小さなお人形さんを入れて指揮台に立ったそうである。

想像（創造）は自由自在に遊ぶ心のたまもの、というわけだ。

［創作者］

では、創造・創作の世界における主体と客体の関係はどういうものだろうか。絵を描いたり、木材を彫ったりする作業では、この両者はよそよそしい関係ではなく一心同体のような状態になっている。特に神業といわれるほどの名人ともなれば、創作活動は人が物を作るというよりは、カオス（混沌）自体が活動して或る姿を現わしていく、というような境地ではなかろうか。

これは物を作ることだけでなく、音を生みだすことにおいても然り。例えばヴァイオリンについて、フランスのヴァイオリニスト、ドミニク・オプノーは次のように述べている。ヴァイオリンを演奏する場合、演奏者が腕と手と指を使って道具を扱うというよりは、腕・手・指の延長にヴァイオリンがあり、これら全体が一つの体のようなものとなり、一緒になって美しい音楽を奏でるのである。もっと言えば足の先から頭の天辺までの体全体プラス楽器が一つの楽器となっているのである。[2]

この一心同体の共演は、道具を用いるスポーツ、例えばスノーボードやサーフィンの世界でも同じだろう。板と人が一つのものになりきって揺らぎ宙返りして、まるで魚のようだ。

彫刻では、作者が木を彫るというよりは「木から像が現れてもらう」という作業。三日間オブジェを見つめた後、何も見ないで人物像を彫り上げるという彫刻家もいる。

このような創作活動は、何も芸術作品だけに限定されるわけではあるまい。ものに誠心誠意打ち込む場合なら、何でもこのような主客一体、主客未分の境地に近づいていくに違いない。

私たちの生きるということ、つまり、活動することの中で、必要の次元で「せねばならないこと」とは別の、あるいは道徳的義務を果たした充実感とは違う、それらから自由な、小我を越えた遊びの境地ではなかろうか。

　この自由で能動的な活動は、他人の芸術作品を鑑賞するという受動的な態度とは大きく違い、この主体的な営みにこそ心が満たされ、精神の充実、高揚がある。カントが言うように「生命の喜びをより多くあたえるのは、享受するものよりも、生命を自由に使用して行うことの方である。」（⑱一四〇）

　この「満足」というのは、年齢を重ねるにつれてますます気になる言葉である。ここで少し脱線して触れておきたい。人生の最終幕を意識するようになると、これまでの自分を振り返ってみて素晴らしい人生だったとは思えず、落胆とまではいかなくとも満たされない気持ちに浸されることがある。人生、年齢に関係なく何が起きるかわからない。カントの人生論、いや晩年論も少しは参考になるだろう。

　私たちは、どういう場合に、時間が速く過ぎる、あるいは遅く過ぎる感じがするだろうか。彼は『人間学』で次のように説明する。

　旅行の際、都会に近づくにつれ、いろいろな建物や人々が増えてくる。するとその変化の激しさのために、後から思い出すと時間が速く過ぎた感じがする。つまり変化が多いと、時間（「時間」はそれ自体で存在するのではないのだが）が速く過ぎたと感じるのだ。

　わが人生を振り返って、自分はこれをやりあれもやり、その成果もかなり挙げることができた、わが人生は多くの内容で一杯だ、と総括する人は、一生がアッという間に終わるという感

慨に浸ることができるだろう。それはほぼ「満足」の気持ちでもある。だから問題は、「何を為したか」である。何歳まで生きたか、ではない。

カントは、ルソーの本に熱中して規則正しい日課が崩れたという。当のルソーは、カントとは対照的に身寄り・資産・学歴なしで国内外を遍歴し、さまざまな社会に出入りし、つまり独力で世渡りして時代の寵児となった人である。彼の『エミール』には、人生の長さについてこうある。

「何十歳まで生きたからといって、彼は十分生きたとはいえない。生きるということは活動することだ。かれがいかに活動したかが、彼の人生の長さ、いや大きさを表わすのである。」

創作活動から「老いと満足」のテーマに変わってしまった。しかし、この本を手にする「万年青年」であるあなたには、つまらないテーマではないだろう。

あのミケランジェロは、死の数日前まで「片手に鑿、片手にハンマー」の生活を続けた。享年八九。活動しながら迎える最期は、何と感動を与える姿だろう。創作家の一心不乱の心境について触れたが、彼の生き様は、実はその完成した作品によりも、かえって未完成の、製作途中の作品に表れているように思えてならない。

私はかつて、埼玉県川越市にある羅漢像を見に行ったことがある。雨、風に晒された粗削りの人物像。その鑿の跡が作者の息吹を感じさせる。彼の生き様を彷彿とさせる。ミケランジェロも、三つのピエタ像を含む多くの未完の石像を残して人生を閉じた。一方の羅漢像の作者名は詳らかではない。

［生きている作品］

芸術品の多くは、金満家の所蔵を別にすれば美術館や公共広場などに展示されている。しかしそれとは別に、民芸品と呼ばれる「用の美」を備えた作品がある。鑑賞のみの芸術品とは趣の違う、日常生活とともにある、自己主張しない控えめの芸術作品。その民芸品は遠い存在ではなく、いつも「手にする」作品である。茶碗や湯呑、家具、さらに楽器もこの部類に入るだろう。名器と呼ばれる楽器は立派な芸術品でもあるが、それは眺めるものではなく自分と一緒になって美しい音色を奏でる愛すべき伴侶である、とは先に書いた通りだ。

実は、私は素人製管師、下手な尺八製作者でもある。この仕事は、竹林で竹を選ぶところから始まる。生えている竹の形、太さ、質、艶、そして何といっても節の間隔、さらに地下の部分の形状などを吟味し、見定める。美しい、つまり芸術的な竹は千本に一本あるかないかだろう。掘り上げたあとの製作工程は省くとして、長年使われてきた尺八は性能が増し、風格もついて、言葉では表し難い「用の美」が醸し出される。これは楽器に限らずよく使いこなされ大事にされた道具はすべてそうであるに違いない。

［庭園芸術］

カントは人間が創造する美しい作品、すなわち芸術を大きく三つに分ける。言葉によるもの、造形的なもの、そしてそれ以外の「感覚の戯れの芸術」（⑧二一七）。わかりやすく表現すると、文学・演劇、美術、音楽となろう（「美術」は本来、芸術全体を指す言葉なのだろうが……）。

さて、造形芸術について彼は、絵画、彫刻、建築に加えて庭園芸術を挙げる。彼がどれほど庭作業に勤しんだかは知らないが、さすがは体系的思考の下、自然の合目的性を重視する哲学者ならではの分類である。

庭は、「家庭」の語のように家と対になっている。家を囲むもの、家の「場」である。庭とは、元は「廷」であり、広い場所を意味した。宮中や役所の中庭に役人が参集するところから朝廷といい、また裁判も開かれたため法廷、開廷などという言葉もある。つまり元々は植物などとは無関係であった。上のような政（まつりごと）やいろいろな作業を行う「場」であったので、庭をバと読むこともある（大庭など）。

一方の「園」は、説明するまでもないであろう。従って庭園という語には広狭さまざまな意味が含まれているが、現在では愛で楽しむ庭が主流で、作業用の庭の意は弱い。

目的がはっきりした建築物である家屋に対して、庭はその目的・本質、そして芸術性があまり明確に意識されないと言えるようで、したがって一般的には庭を作る人は造庭師とか造園業者とかの表現が多くなされ（雪舟作の医光寺庭園などの表現もあるにはあるが）、「〜画伯」などと尊称される芸術家と同列には扱われてこなかったのであろう。しかし、カントは違う（ちなみにヴァザーリの古典的名著『美術家列伝』も副題は画家・彫刻家・建築家の三種に分類している）。カントは、いわゆる絵画芸術を絵画芸術と庭園芸術に分けてその違いをこう説明する。

「造形芸術の第二の種類としての絵画芸術は、感官の仮象を技術的に諸理念と結合して描出する芸術である。私は、この絵画芸術を自然の美しい描写の芸術と自然の諸産物の美しい配置の芸術とに区分したい。自然の美しい描写の芸術は、本来の絵画であり、自然の諸産物の美しい配置の芸術は、造園術［庭園芸術］となるであろう。」（⑧二二〇）

ここで、「配置」という言葉に注意したい。カントは「上なる星の輝く空」に感嘆と崇敬の念を持ったが、そこには秩序の中に美と崇高があるからである。表現を変えれば「宇宙の、離れたところにあるあの球を、遠くから見ただけでも好奇心をそそられるその配置のすばらしさ」（②一七〇）となる。庭園における「配置」は、星々の配置、言い換えれば最高存在者（神）の配剤（配在）のミニチュア版、小宇宙といえそうだ。ここに庭園芸術の持つ自然・宇宙との深遠な関わりがある。この「小宇宙性」について、ある画家はこう言った。

「たとえそれが花瓶にさした花の静物［画］であっても、それがのっている地球の傾きがわかるようでないといけない。」[3]

ところで、自然の所産を美しく配置するというが、「庭園芸術は、（…）自然とは別の仕方で、またある種の諸理念に適合して配置する。」（⑧二二〇）

そして、美（感）的理念の表現は、パントマイム（無言劇、黙劇）のようなものだと分かりやすく説明する。

「美術家の精神は、これらの美的な形態によって、芸術家は、何をどのように考えたかについてある立体的な表現を与え、事柄自身をいわば黙劇的に語らせる。そして想像が、生命をもたない物に（…）精神を吹き込むと、今度はこの精神がこれを物の内から語りかけるのである。」（⑧二二一）

一方、庭園芸術の評価については異論が出るのを気にしてか、彼は「注」をつけている。

「庭園芸術は、（…）一種の絵画芸術とみなされうることは奇妙に見える」と書き出し、彫塑や建築との違いを述べた後、「庭園芸術は（…）たんに観照における構想力の自由な戯れをこうした条件としてもつだけである。したがって庭園芸術は、規定された主題をもたないたんに美感的な絵画（空気、土地、水を光と影によってたのしませるよう配置した）と、そのかぎりで一致するのである。」（同）

と論調が弱まるものの、さらに一歩を進めて、庭園芸術の積極的意義をやや控えめに示唆する。

「総じて読者は、これをある原理のもとに、つまりこの場合、美感的諸理念の表現の原理であるべき原理のもとに、諸美術を結合する試みとしてのみ判定して、諸美術の「ある原理からの」決定的な導出とみなさないでいただきたい。」（同）

と、「諸美術を結合する」新天地をほのめかしているようである。やはりカント流の堅い表現だ。ただ、私は少し思うところがあるのでつけ加えたい。

「（庭園芸術における）立体的な諸物の美しい配置は、絵画と同様に、ただ眼に対してだけ与えられており、触覚はこのような形式について直観的表象を与えることはできない。」（同二二〇）

あくまで観照的な態度である。しかし、最近現れたインスタレーション鑑賞と同じく、樹々の間をそぞろ歩き、時に幹や枝に手を触れたり、たまには岩や大木に抱きつくこともあるのが庭園の庭園らしさではなかろうか。知性にかなり近い見る能力に加えて、触覚も含めた全身・全霊的な関わり、交渉があるのが庭園芸術の旨味ではなかろうか。そういう点でも彼の「注」の中にある「諸美術を結合する」または総合する意義を、庭園芸術につけ加えて昇格させてもいいのではなかろうか。

触覚について少々。庭園は立体的なものであり、彫刻との共通点がある。絵画は見るのみで触れるものではないが、彫刻はどうだろう。美術館や寺院では「触らないで下さい」というところもあるようだが、逆に見学に来た盲学校の生徒に「どうぞ、自由にさわって下さい」というところもある。それはさておき、私たちは、たとえ触らなくとも立体像を目で「触わるように」見ているのではなかろうか。目が触覚的に働いている。

この触覚をさらに褒めたたえるのはヘレン・ケラーだ。

「彫刻の美は（…）目よりも手のほうがいっそう敏感なのではないか。（…）直線や曲線の驚くべき音楽的な流れは、目で見るよりも、もっと微妙な点までも感じられるのではないでしょうか。」[4]

加えて、庭園は常に変化する。手入れをする人間には、子どもの成長を願い育てる親のような喜びが伴う。庭園芸術活動という行為には、創造の喜びだけではなく日々の手入れを通して心なごみ、憩うという満たされた境地が開かれる。大自然と一体化した安らぎがある。これは、庭園美はカントが力説する自然の「合目的性」を含んでいるためと考えられる。神が大芸術家であるように、造園家も小さな芸術家であろう。

さらに、庭園は半ば公開されているものである。絵画や彫刻のほとんどは閉鎖的な建物の中に展示されるものだが、庭園は逆にほとんどが外部からも見渡せるものである。この公開性も庭園の長所であろう。この公開性については前述の理性の公開性、公表性を連想させもする。

［蘆花の庭］

ふと、徳富蘆花の小文[5]を思い出した。小さな庭の小さな水溜まりに感じた印象を綴ったものだ（檐溜《たんりゅう》とは水溜まりのこと）。

「檐溜
雨後《うご》、庭櫻落《ていあうお》ちて雪《ゆき》のごとし。檐溜にも点々《てんてん》として浮《うか》べり。檐溜を浅《あさ》しということなかれ。其の碧空《へきくう》を懐《ふところ》に抱《いだ》けるを見ずや。檐溜を小《しゃう》なりと云ふことなかれ。青空《あおぞら》も映り、落花《らくくわ》も点々として浮《うか》び、櫻《さくら》の梢《こずえ》も倒《さかし》まに覗《のぞ》き、底《そこ》なる土《つち》の色をも見《し》めす。白鶏《はくけい》三羽来りて、紅《くれない》の冠《かんむり》を揺《うご》かしつつ、伏《ふ》して銜《ふく》み、仰《あお》いで飲《の》めば、其影《かげ》も亦水《みづ》にあり。融然《ゆうぜん》として相容《い》れ、怡然《い》として共棲す。いかんぞ人の子の住む世界の隘《せま》き。」

拙い現代語訳を付記しておく。

雨の後は庭の桜の花が散って、まるで雪のようだ。庇《ひさし》から落ちてできた水溜まりにも花びらが点々と浮かんでいる。水溜まりを浅いと言うな。青い空を内に抱いているのが見えないか。水溜まりを小さいと言うな。青空も映り、花びらも浮かび、桜の梢も逆さまに映り、その下の土も見えるではないか。白い鶏が三羽やってきては紅色の鶏冠《とさか》を揺らしながら水をふくんでは上向いて飲みこむ姿もこの水溜まりに映っている。すべてをゆったりと受容し、なごやかに楽しんで周りと共存している。それに比べて、人の住む世界の何と狭いことよ。

［私の庭園芸術活動］

最後に、私の庭園芸術作品作りの試みについて書いてみよう。専門家ではないため、稚拙な作業と出来栄えが読者の参考になるかどうかは定かではないが……。

四年前の冬、車一台分しかない駐車場を広くするために、緩やかな築山の半分ほどを取ってしまい、その土の一部を元の築山にさらに上乗せして、ちょっとした小山を作る計画を立てた。駐車場の端であり緩やかな築山の端部分は、三〇個弱の岩の壁である。築山の土をこの多数の岩で止めてある、と言った方がいいか。

第一段階は緩やかな築山の部分、すなわち土を全部掘り上げなければならない。縦・横・深さはおおよそ二メートル、六メートル、〇・七メートルであるから、約八立方メートル。風呂の十倍くらいだろうか。さて、鍬とバケツで作業を始めたが、これではくたびれるので一輪車(ネコ)を購入。掘り進めるにしたがって段差に大きな板を渡し、そこをネコで運び上げる。岩は残したままである。しかもそこには沢山の庭木が植わっているので、大切なものは事前に根回ししてあるが、三〇年近い歴史のある木々はそう簡単には移植できない。根元あたりから切り倒して、その後の根掘りも大変な作業だ。道具は長いバールと鋸。

遺跡の発掘作業さながらの約二か月が過ぎ、岩の列だけが残されて、万里の長城の模型のようだ。これを全部移動させるのが、庭作りの一つの山場。一つの岩を、大バールを梃子の原理で少し持ち上げてはその下に石を挟み、またバールで持ち上げ……と繰り返して、岩が四五度くらいに傾いたところで足で蹴ってころがす。これを何度か続けて、やっと一個の岩がプールの端に移動完了。これを三〇個ほど相手するのに約二週間。

次からが「芸術」である。広くなった空間の端、つまり新たな築山の土止めにする岩の配置はどうするか。岩と土と樹々。カントの「自然の諸産物の美しい配置」をどう実現するか。岩はそれぞれ大きさ、形、色、質の違いがある。

岩といえば、石切り場で働く人についてこんな一文がある。

「地上でいちばん素朴な力、そして大地の根源的な力である石」[6]

さて、これからは二番目の山場。中が空洞の鉄棒（単管という）を三本固定し、滑車を取り付ける。滑車を英語でブロックといい、これを鎖で動かすので、チェーン・ブロックという道具が岩を持ち上げる主役である。太いワイヤーで岩を縛り、これをチェーン・ブロックで上げるのはそれほど難しくはないが、所定の位置に、且つ望みの方向に垂直に定置するのはなかなか大変で、一度降ろしては又持ち上げ……と、一個の岩を最終的に落ち着かせるのは並大抵のことではない。

その間、岩の個性と全体の調和を考えて構想の通り、いや構想に近づくように組み立てていく。一つひとつに個性があるので知らず知らずのうちに名前がつく。「梵鐘岩」「お面岩」「猿岩」「祈りの岩」「イルカ岩」、さては「薩摩揚げ岩」などなど。

次の難関は少し高さを増した小山に岩を立てる、立石という作業（花果山のてっぺんの大石から生まれた孫悟空を思い出す）。何せ二メートルの単管では岩を持ち上げるのはせいぜい一メートル少々に過ぎないから、階段状に置いた岩の上に一段、二段と少しずつ持ち上げていく

のである。頂上に四つの岩を置き、次はそこから流れる渓流と滝をイメージして小さめの岩を配置する。しかも、すでにある植木の間に定置しなければならない。松、梅、棕櫚、槇、椿などの間に収まった立石は前景の岩の壁とうまく調和しているだろうか。

最後はこの岩と樹々の前景となる平面に平べったい石を敷石にする。

以上が、わが重労働の芸術活動のあらましである。「お面岩」に腰掛け、新聞を読む。「梵鐘岩」に手を掛けていると遠くのお寺の鐘が聞こえる。「係留岩」に手を掛けてストレッチする……。日々「用の美」を味わいながらのひと時である。

労働と満足感についてカントは言う。

「どうして労働が人生を味わう最善の形態であるのであろうか。それは、労働が骨の折れる（それ自体では不愉快であって、成果によってのみ慰められる）仕事だからであり、長い労苦が単に消えてくれたことから生まれる安堵感が快として感知され、喜びとなるからである。そうでなければ、労働は楽しみとはまったく無縁のものであろう。」⑮一七七～一七八）

労苦が、美しい成果によって報われる。これが庭園芸術活動の醍醐味であろう。

第九章　歩み続ける道

［希望と展望］

この本の出だしは「悩み」だった。どうにかしなければならない問題というものを、私たちは抱えている。小さいものもあれば大きな課題もある。そしてそのことをごまかさないかぎり、解決に向かって何がしかの動きをする。努力といえば明るい響きがあるが、実際には暗中模索、時には諦めのささやきも聞こえる。しかし、やはり求めざるを得ない。

私たちには願いがある、希望がある。手に入れたい物もあれば就きたい仕事、作り上げたい作品もある。出会いたい伴侶、仲間などもあろう。それとは別に、しっかりした生き方、それを支える信念や主義を築き上げたいという願いもあろう。平たくいえば「生きがい」というものである。だれでも死すべき存在である以上、生きていてよかった、生きてきてよかった、という満足感を得たいはずである。

しかし、願いが実を結ばずそれだけで終われば、淋しい人生だ。願いは叶えられなければならない。これは私の「定言命令」かもしれない。叶えられるべき願いとは、カントに言わせれば「他人の幸福と自己の道徳的完成」ということになるが、社会的には貧困と人権侵害と戦争のない平和で自由な社会の実現であり、主体の側からいえば人格の完成・有徳の人となることであろう。たった二行の文だが、そこへ向かう道は何と困難であり、そしてその試み・挑戦の姿は、何と豊かな、感動的な世界であろうか。

願い、希望が哲学的・科学的思考の応援を得れば、それは「理想」となる。理想という言葉はなかなか素敵だ。夢想でも空想でもない、ましてや幻想ではない。「理ある想い」。でたらめでない、迷信や妄想でない、偏見や先入見を伴わない、落ち着いた雰囲気のある言葉だ。群集心理を巧みに操る宣伝や世論操作に捲き込まれない、堂々たる人間の姿を彷彿とさせる言葉だ。カントはそれを「根拠ある希望」（⑭三一五）という。理性的思考によって構築された展望である。遠くを指さすカントのシルエットが見えるようだ。

［理論と実践］

さて、「それは理想に過ぎない。現実はもっと厳しいのだ」という言葉はよく聞かれる。しかし、理想のない生き方とは一体何だろうか。理念とか精神とか夢とかいろいろ言葉は替えてもいい。たとえば「スポーツマン精神」といい、「人権宣言」という。これらは私たちが行動し態度を決定する時の基盤・背骨となるもので、なくても済むものではなかろう。カントは『理論と実践』、正確にいえば『理論では正しいかもしれないが実践の役には立たない、という通説について』（一七九三）の中で以下のように述べる。

「純粋に理論的な分野なら空理空論もあるかもしれないが、こと社会のことや自分の生き方の問題では理論や理想について軽蔑する人に対しては我慢がならない。無知な人が言うのならまだ、許せる。むしろ許せないのは、利口な連中が、（…）『実践においては事情は別だ』だとか『学校を卒業して世間に出てみたら、それまで自分が空虚な理想や哲学的な夢物語を追及していたことに気づいた』だとか、ひとことで言えば『理論では十分うなずけることが実践には全然あてはまらない』などと主張することである。」（⑭一六四〜一六五）

あの冷静なカントが「我慢がならない」と強い語調だ。荒い息遣いが聞こえてきそうだ。

「このような『理論において正しいかもしれないが、実践にはあてはまらない』ということにかこつけて哲学の悪い噂を流すということがしょっちゅうおこなわれているからである。しかもそれは、高いところから見下ろすような口調でなされ、理性を、それが面目をかけてもっとも大切にしているものについてさえも、経験によって改造しようというまったく思い上がった態度であり、経験に釘付けにされたモグラの目によって、直立して大空を眺めるように創造された存在者に与えられた目によるよりももっと遠くまで、そしてもっとはっきりと見ることができるのだなどという自惚れた態度なのである。」（同一六六）

なかなかの文章だ。背筋を伸ばして大空を見上げる、そんな広大な視野、思考野を持て、と。

そして、このような理想や哲学を軽視する態度は人に具わる道徳性を無視し、人間を単なる動物の次元にまで下げるものだという。

「(…) 言葉ばかり多くして実行がともなわない今の時代において［二〇〇年以上も前！］ひじょうによく聞かれるようになったこの箴言は、それが道徳的なものにかかわるときには、このうえもない災いをひき起こす。」(同)

災いを、である。

「道徳にかかわるときには、実践の価値は、それの基礎となる理論に適合しているかどうかに全面的にかかっているのであって、もしも法則を実行するための経験的な、それゆえに偶然的な条件が法則そのものの条件とされてしまい、その結果、これまでの経験からいって起こりそうな結果をあてにするような実践に権限を与えて、それ自身で存立する理論を支配させるならば、すべては台無しになってしまうからである。」(同～一六七)

その通り、人間の人間たる所以、その崇高さの源である道徳性を台無しにしてはならない。

「一人一人はすべて死んでも……」

そのような人間の優れた素質、道徳性を中核とする天分は実現されなければならない。そしてそれは歴史を通じてなされるということを、カントは『世界市民的見地における普遍史の理念』(一七八四)で詳説している。

この小著はいたるところに「展開」「努力」「展望」などという前向きの言葉が出てくる。これはよく考えてみると当たり前のことである。人類の歩みに何らかの方向を想定しない限り、あるのはただの雑然、混乱でしかないであろうから。少なくとも人間が「理性的」存在であるならば、「行先」を考えざるをえないはずだ。原文ではこうなっている。

「被造物の自然素質はすべて、いつか完全かつ目的にかなって解明されるよう定められている。（…）なぜならこの原則から離れてゆくならば、われわれの「内なる」自然はもはや合法則的ではなく、目的なしに活動する自然となり、絶望的な偶然が理性の導きの糸に取って代わることになるからである。」（⑭五）

絶望的な偶然！　それは私たちが「求める」世界ではないだろう。自然の中に隠れている法則をケプラーやニュートンが発見したように、人間の歴史の中に潜んでいる「自然の意図」、つまり人間に示される「導きの糸」をカントは見つけようとしている。

さて、個人と人類とを対比させながら、カントは人間の「天分」についての考えを展開してゆく。まず、個人の一生は余りにも短く、

「自然素質が完全に展開しうるのは、その類においてだけであって個体においてではない。」（⑭五）

「自然は、最終的に人類における自然の萌芽が自然の意図に完全に合致する発展の段階へいたる様にするために、一世代の人間が次世代に啓蒙を伝えてゆく子孫がおそらく果てしなく産まれてゆくことを必要とする。」（同六）

「一人一人はすべて死んでも類は不死の理性的存在部類として、自分の素質を完全に展開さ

せるに至るべきなのである。」（同七）

子孫は果てしなく産まれなければならない！　カントはこれから先の子や孫、そのまた子どもという継承者のことへ注意を向ける。言葉の上では平凡なことだが、さて私たちは現在の何を受け継ぎ、発展させ、逆に何を廃止すべきかについて、何世代もの先の人々の姿まで想像しているだろうか。

［理想へ向かう長い道］

さらにこの進歩・発展には人間同士の対立・反発を伴った社会性が不可欠だという。これをカントは「非社交的社交性」（同八）と妙な言葉（私は「非社会的社会性」でいいと思う）で表現しており、この個人間の競争・敵対関係、すなわち一見社会組織を破壊するかに思える反対物が発展の元だと、弁証法的な見方をしている。

すなわち、「非社交性や一般的抵抗は、これほど多くの災禍が生まれてくる源であるが、同時に新たに人間の力を引き締め、したがって自然素質をさらに発展させるよう駆り立てている。だからそれは賢明な創造主の配剤をよく示すもの」（同九）だと。そのようにして理想社会に近づいていくのであろうが、その過程は茨の道であろう。

「その形成の半ばにおいて、当てにならない外見だけの福祉のもとで最も苦しい災禍を耐え忍ぶのである。」（同一五）

「自然が最高の意図としている普遍的な世界市民的状態が、最終的に体制再編成のいくつもの革命がなされた後に、人類の根源的素質がすべて発展させられる母胎としていつの日か実現されると希望できるのである。」（同一九）

いつの日か実現されると希望できる！　革命と戦争を繰り返しながら。ただし、理想に近づくためには人間にはあまりにも多くのの弱点がある。利己的欲望を大きな視野の中で制御する理性が必要だ。しかし、良心は人間である限り誰にでも備わっているとカントは前提しているから、前途は少しは明るい。第五章にも書いたように、

「道徳的に善なる心術に接ぎ木されていない善は、まったくの見せかけで外面だけ輝いている悲惨以外の何ものでもない。」（同一六）

黴菌などの敵に打ち勝つ強さを持った台木、それが良心、「善なる心術」である。要はそれを軽視するのでなく、それを信頼することである。

「今、手はずを整えておけば……」

だから私たちは、「理性的に手はずを整えておけば、それによって後世の人間に満足のゆく時期をより早く到来させることができると思われる」（同一七）し、「未来へ向けての安堵の気持ちを与える展望も開かれるのである。」（同二〇）

理性的に手はずを整えておけば！　ここにすべてがかかっている。手遅れにならないうち

に！

われわれ人類は自らが作り出した「文明」によって、ますます立派な生物に進化していると言えるだろうか。かつてルソーは言った。人間は学問と芸術の発展によって道徳的には退化してきた、つまり堕落してきた、と。これからの人類が哀れな末路へ向かうことだけは避けなければなるまい。

「手はずを整えておけば」。岩波の全集（福田喜一郎訳）ではこうなっているが、理想社の全集（小倉志祥訳）では「理性的な用意をしておくことによって」とあり、岩波文庫（篠田英雄訳）では「いま合理的な手段を講じておけば」となっている。

いずれにしても、今、手を打たないといけない、ということだ。私の国語辞典には「手を打つ」について、たくさんの例があがっている。

思い切った手を打つ、あらゆる手を打つ、次の手を打つ、必要な手を打つ、新たな手を打つ、早急に手を打つ……。

今、世界でいろんな手が打たれている、取り組みがなされている。おおくの芽が伸び始めている。その例をいくつか見てみよう。

「始めることと終わらせること」

歴史は進歩・発展の歴史だ、という見方がある。カントの時代は大まかに言ってそれが大勢だっただろう。しかし、世界大戦以後、すなわち大量破壊兵器の時代では歴史に対して悲観的な見方が急増しているように思われる。そこで、価値あるものをどんどん作っていくのはもちろんだが、反価値のもの、あってはならぬもの、悪い物をどんどん減らし、できればなくしてしまうことが、今や大きな仕事になる。情けないことだが、一旦作った物を壊すこと。そして、そのようなものを作る計画があればそれを中止すること。原発、核兵器はその筆頭であろうし、兵器全般と有害物質を排出する生産などもそうだろう。

一例を挙げよう。以前、三重県海山町に原子力発電所を作る計画が持ち上がった。するとその危険性と金とは天秤にかけられない、と住民の反対運動が巻き起こった。そしてついに、先ほどの「教科書無償闘争」とは逆の意味で運動は成功した。つまり、あることを実現するのではなく実現させなかったのである。原発の計画は撤回された。今、日本地図上にはあちこちに原発のマークがついているが、海山町のところには何もない。この「ない」というのが、住民の自信と誇りと笑顔をあぶり絵のように浮かび上がらせているではないか。

このような運動は新潟県巻町や石川県珠洲市でも実り、住民の誇りとなっている。

［ 棄てる ］

廃棄ということでは、童話のような実話がある。時は一六世紀、ところはカリブ海の島。スペインがこの地にやってきて、島の様子が急変し始めた頃のことである。

「この島の酋長は村人を集めてこう言った。『スペイン人たちは何というひどいことをする人間だ。われわれを虐待し不幸にする。そもそも彼らは何が目的で遠路はるばるやってきたのか。彼らはキリスト教を広めて人々に平安を与えるため、と言う。それは嘘だ。彼らの目指すのはこれだ』と言って、首にぶら下げていた黄金の飾りをつかんだ。そしてみんなに提案する。『これが災いの元だ。みんな、金をあるだけ集めるんだ。われわれの島に黄金というものが全くないのがわかれば彼らは帰っていくだろう。さあ、みんな、行動だ』」[7]

「初めは一人から」

このようなことがもっと大規模に起こったことがある。イギリスの植民地として大量のイギリス製品が流れ込んだことで国内の産業の発展が妨げられていた一世紀ほど前のインド。ガンジーらはそこで非暴力の闘い、つまりイギリス製品ボイコットの運動に立ち上がったのである。彼はイギリス製の食塩は買わずに自分たちで塩を手に入れようと人々に呼びかけ、率先して遠い海岸まで一人で歩き始めたのである。すると、俺も！　私も！　と、その輪は広がり、大勢の民衆が列を作って海へ向かったのだ。「塩の行進」と呼ばれる、大きな反植民地闘争である。

ガンジーは暴力と非暴力についてこう述べる。

「暴力が獣の法《のり》であるように、非暴力は人間の法である。」

「暴力のさ中にあって非暴力の法則を発見した賢者たちは、ニュートンよりも偉大な天才であった。彼らはウェリントンよりも偉大な戦士たちであった。賢者たちは自ら武器を用いることを知っていながら、その無益なことを悟り、救いは暴力によってではなく、非暴力によってもたらされることを、疲れ果てた世に訴えたのである。」[8]

こうした目に見える「物」に対する運動の他に、過去の過ちを繰り返さないための社会運動というものも現代の私たちの重要な仕事である。ナチス・ドイツの非人道的なホロコーストや日本の侵略戦争などなど。ドイツのヴァイツゼッカー元大統領は、「過去に目を閉ざすものは、現在のこともよく見えない」と述べて、過去の過ちを忘れ去らないように「心に刻む」ことを世に訴えた。顕彰碑や墓碑に文字を刻むように……。

「刻む」といえば彫刻。その一つに本郷新（一九〇五〜一九八〇）の「わだつみ像」がある。これは戦没学生の遺した手記『きけわだつみのこえ』の収益金を基に制作されたもので、一九五五年にある大学に設置された。この像の碑文は次のとおりである。

「**未来を信じ　未来に生きる**。そこに青年の生命がある。その貴い未来と生命を聖戦という美名のもとに奪い去られた青年学徒のなげきと怒りともだえを象徴するのがこの像である。

（…）なげけるか　いかれるか　はたもだせるか　きけ　はてしなきわだつみのこえ　この戦没学生記念像は広く世にわだつみ像として知られている。

一九五五年一二月八日　　立命館大学総長　　末川 博　記す」

このような精神で、多くの人々がいろいろな分野で活動してきた。戦後の日本は戦前へ戻ろうとする反動政治と、それに対するヴァイツゼッカー流の革新運動との闘いであるとも言える。ここではその中の二つ、思想統制・思想弾圧に対する運動、核兵器廃絶運動を取り上げよう（もちろん日米安保（米軍基地）に対する長い闘争、人権侵害に対する闘いや気候危機に対する取り組みなど、枚挙にいとまがない）。

［「思想犯」の名誉回復運動］

第五章では、戦前、戦争に協力しなかったために検挙・投獄された末永敏事のことを取り上げた。戦前～戦中、思想弾圧法として猛威を振るった治安維持法は、一九二五（大正一四）年に制定され、廃止までの二〇年間に検挙者約六万人、留置場などでの虐殺者約一〇〇人、獄死とそれに準ずる人四〇〇人超が犠牲となった。これはもともと共産主義と天皇制否認の思想・運動を取り締まるもので、日本が戦争への道に入るとともに厳罰化し、適用範囲も広がり、戦争遂行のためのファシズム化（思想統制）の切り札となった。

末永敏事は厳密には陸軍刑法違反の罪とされたが、これらも含めた当時の治安法の犠牲者を陰の存在から明るみに出し、勇気ある正義の人として認めようという社会運動を紹介しよう。「治安維持法犠牲者国家賠償要求同盟」という少々長ったらしい名前だが、この団体は戦争や弾圧政治が再び「起こらないように」との切実な思いで、過去の政治犯（今はやりの言葉では人権派、民主主義者）の事績を明らかにし、顕彰し、彼らの名誉回復をめざして国会に働きかけ、政治を動かそうと実践してきた。一九六八年創立で、もう半世紀以上の歴史のある、わが国では有数の人権擁護団体である。この国賠同盟の活動の一つを紹介しよう。

二〇一五年初頭、国賠同盟の元に、先祖の末永敏事という人物が戦前、思想的弾圧を受けたらしいので調べて欲しいという依頼があった。そしてその後多くの人々の協力が実って、ついにこの思想弾圧事件は長崎新聞の長期連載記事となって多くの人の知るところとなる。さらに翌年には単行本となって世に広まることとなったのである[9]。

さて、この治安維持法犠牲者で二〇二四年現在も存命の方はごく少数となったが、その中の一人が菱谷良一さん（一〇二歳）である（彼は今年五月の国会請願にも上京され、元気に発言された）。

菱谷さんは戦前、旭川師範学校在学中、現実生活をありのままに描くことをモットーとする教師の指導の下、美術部員として活動していた。そして、戦争体制が強まる一九四一（昭和一六）年、その絵が国策に批判的だとして治安維持法により教師、生徒たちが検挙・投獄されたのである[10]。生活図画事件とも言われる。旭川の刑務所は、冬はマイナス三〇℃にもなる厳寒で、もちろん暖房なし。その様子を、彼は年老いてもあちこちで証言してこられた。私も国会請願時に何度も話を聞き、握手をして別れたことを今も思い出す。彼が手書きした、ベレー帽に口ひげの名刺を見ながら。

こうした、平和と民主主義のために軍国主義政府と闘った人々は、現憲法でいう「人類の多年にわたる自由獲得の努力」（第九七条）に身を捧げた人々であって、その歴史的意義を評価し彼らを顕彰すべきだ、というのが同盟員の信念である。

このような犠牲者の名誉回復を求める運動の一つが政府に対する請願活動であり、今や国会議員の一〇〇名を超す方々が賛同するまでになっている。願わくばこの運動がさらに発展し、ドイツのように戦争に反対した人々への謝罪と賠償が実現して、二度と侵略戦争のない社会に向かいたいものである。

「過ちを改めざる、これを過ちという。」（『論語』）

［ 核兵器廃絶運動 ］

戦争に関連してもう一つ。核兵器も廃止しなければならない。カントが提唱した「国際的組織」は国際連盟や国際連合として実現したが、その効力はなかなか理想からはほど遠いのが現実だ。戦争を未然に防ぐことができないばかりか、大国がその「力」を元に「拒否権」なる傲慢で子供じみたわがままを通している。

だが、理想実現への兆しについては、カントと同じく私たちもこう言おう、「わずかではあるが見出している」（⑭一七）と。

核兵器については画期的なことが起きたのである。世界中の「世界市民」が連帯して運動が広がり、ついに二〇一七年、国連で「核兵器廃絶条約」が成立した。そして批准国は増え続け、二〇二一年、この条約は発効したのである。核保有国が反対しているという大きな困難を抱えているとはいえ、この「誕生」はわれわれの灰色の未来に一条の太い光を放っている。道のりは長く険しいかもしれない。だが、茨の道の向こうには、きっと人間の尊厳のみによって結びつく理想の世界が……。

この核兵器廃絶運動の第一線で活躍されている、原水爆禁止長崎県協議会事務局長の佐藤澄人さんの言葉を引用する。昨年末、ニューヨークで開かれた核兵器禁止条約第二回締約国会議の参加報告である。[11] 彼は毎夏の原水爆禁止世界大会でも運営の仕事につき、名前のごとく澄んだ心で献身的に尽力されている。

「核兵器使用の世界の危機の中で　核兵器禁止条約は希望の光

私には原爆で殺された三人の兄弟がいます。八月九日、無傷で生き残った兄弟です。それが八月二〇、二一、二二日と死んでいった。一一歳の姉、七歳の兄、四歳の姉です。口や鼻や耳などあらゆるところから血を出して死んでいく。むしろに寝かされたまま、夏ですから腐れるようにです。

ロシアのウクライナ侵略やイスラエルのガザへの侵攻、毎日飛び込んでくる繰り広げられる悲惨な状況、犠牲になる子どもたちのことがそれと重なるのです。そして、子どもたちを何も手当できず看取った母が『罪のなか子どもたちまで』といった言葉を思いだしました。母の感じた戦争責任でしょうか。そのこともあり、被爆の実相を何かの機会に広げたいと『原爆瓦』

とメッセージを用意し、今回の核兵器禁止条約締約国会議に関わる行動の日本原水協の派遣団の一人として参加させてもらいました。（…）

世界各地から核被害者が参加されて（…）。一番の感激は閉会総会です。『政治宣言』を採択して終わるのですが、議長が閉会を告げると出席者も傍聴者も総立ちで長い拍手です。驚きです。会議の成功と同時に『核兵器禁止条約は本流だ』と実感しました。

（…）それにしても、締約国会議に不参加の被爆国日本は世界から信頼を一層失ったようです。怒りというより情けない。『締約国会議は話し合う場だ。出席して自らの立場を表明すれば良い。』という意見は国連でも聞いた。今こそ、草の根からの日本政府に禁止条約に参加を迫る世論と運動が求められているときはないと感じた。」

この「原爆瓦」は、幸せな家庭を守ってきた屋根の瓦。前述の末永敏事の遠縁、末永等さんや後述する高校生たちが爆心地近くで掘り上げたものである。多くの流れが合流して大河となる。佐藤氏の言葉の、何と明るく自信と希望に満ちていることか。

［被爆の実態］

被爆を体験した方の多くはすでに亡くなっており、存命の方もすでに高齢である。したがって被爆、と聞いてもその悲惨さを「実感」することができない人が、私も含めてほとんどだろう。ここは証言に接するしかない。

先に出てきた医師、金高満すゑの実兄・謙二も被爆者である。八月九日、本業は写真屋の彼は、強制的に軍需工場で働かされている最中被爆した。だが、被害の自覚はなく、すぐに家族の安否を確かめるために自宅に向かった。そこで見たのは、六歳の娘、光子さんの死体。そしてその後まもなく一一歳の尚子さんも、そして妻のフミ子さんも痛ましい姿で亡くなった。謙二のあまりにも生々しい記録は読むのも辛い。[12]

これから引用するのは、長崎県立商業高等学校の元教員、渡海陽氏の体験記である。[13]かつて、私の職場の上司でもあった彼は、このことを私に話す機会がなく、あるいはあっても簡単には話せなかったのであろう。実は、私がこの事実を本で知ったのは比較的最近のことである。誠実で、竹を割ったようなすがすがしい性格の、敬愛する渡海氏の面影を思い出しながらこの引用をしている。

「ボク・モウ・ダメデス――被爆二世・鳥越保男君の死――　渡海　陽

(…)昭和四十五年九月のはじめ、二年の私のクラスの鳥越保男君が突然入院したと連絡があった。彼は入学時より欠席、遅刻をしたことがない生徒であり、私は風邪ぐらいにしか考えなかった。しかし、入院するくらいなのか……と思いながら原爆病院に見舞いに行った。

ベッドに横たわっている顔を見ると真青であった。彼は毎日、朝六時に起床し、一時間三十分かけて通学していたが、郊外の戸石町よりバスで蛍茶屋まで出て、電車に乗りかえの途中に横転し、意識不明となり、救急車で病院へ連れてこられたのだった。病気ひとつしたこともないので非常に驚いているようすであった。何等の自覚症状もない病気だ。七十キロ、たくましいからだである。」

すぐ前の夏は修学旅行で、東京の他、大阪の万博見物もし、いたって元気だった。

「さいわい十月には退院でき、自宅よりの通院のみでよいというほど恢復していた。そして貧血どころか丸々と太り八十キロにもなろうとしている恰好だった。」

「(…)彼の家を訪ねた。彼はまるで恋人を迎えるかのように喜んでくれ、『体調もよいので、毎日弓道を庭で練習しています。まったく退屈ですね。』と語っていた。彼といっしょに二階の部屋で冷たい物を食べた。『ときどき熱が出ます。アイスクリームや冷えたものは格別にウマカ……。』と童顔のぬけきらぬ笑いであった。」

そして年が明けて一月、保男君は再入院。お父さんと畑しごとの最中、激しい頭痛に襲われた。

「『学校に早くいきたか……。』とかれはさびしく語っていた。」

その頃、保男君のお母さんから、

「意外なことを聞くことができた。昭和二十年八月九日、おかあさんはそのころ市内桶谷町でオフィス・レディとして勤務していたが、仕事の最中にピカーッと閃光がした。目の前が真っ黒になり、強烈な爆風で転倒した。そのときはそれだけですみ、当時、食糧不足で非常に困り、栄養失調に近い状態であったが、今日まで病気らしい病気はしたことがないと言うことだった。（…）保男君は昭和二十八年十二月四日に出生しているのでいわゆる〝被爆二世〟として生まれているのである。」

「教師となり、自分の担任クラスの生徒のなかに〝被爆二世〟が在籍することになったこの日まで原爆に関して無知無関心であったことが、私の心をいっそう締め付けた。」

そしてクラスでこのことを話し、学級委員が見舞いに行くことになった。

「久方ぶりに親友を見る彼［保男君］の『眼』の輝きが、すこぶる印象的であった。本人はまだ〝被爆二世〟とはまったく知るよしもない。それでも体の内部も外見も精神的にも元気だった彼が、徐々に内部より蝕まれていることを知ってか、

『どうして自分だけが、こんげんなっとかなあ……。』と言う。いまどのへんを勉強しているのか知りたがり、弓道部が高校総合体育大会で準優勝して九州大会に出場権を得たことを自分のことのように喜ぶ彼であった。」

そして秋、保男君の容態が急激に悪化し、輸血が必要になった。

「半月ほど前までそのようなことはなかったのに、と驚いた。さっそくクラスの生徒でB型のものを集めて、病院に献血にいった。

病室に入ると、彼の体は高熱でとても息づかいが激しく手足もだいぶんやせていた。私が採血を終えた生徒といっしょにいることに気づくと、視線を横に向け、

『先生、すみません。星野君、すまん。一生君、すまん。』と小声でつぶやいていた。

『元気を出して一日も早く完治するんだぞ。』

と手を握りしめると、涙を流し、絶句してしまった。」

それから毎日、二人ずつの採血が始まった。

「ある日、病室を訪問すると、保男君は開口一番、

『もう君たち来てくれるな。来んなよ……。』と語調を強めていいだした。それは異常な興奮状態であった。

翌日、ゆっくりと話す機会に恵まれたので話していると、

『同級生に会いたくない。ぼくは自分のこんなみじめな姿を見せたくありません。みんなは三年生で、もう近々卒業ですね。』

と体の丈夫な者や同級生などへの劣等感や学校に対する郷愁を示すのだった。」

「『先生、足がこんなに、まったく動かぬようになりました。まるで小枝のようでしょう。』

と語ったこともあった。食事をあまりしないので、骨と皮だけに衰弱していた。」

「彼は『白血球を造成する骨髄およびリンパ腺の再生不良性白血病』と診断された。それに肋膜の症状も加わり、体内に水液が溜まり、呼吸が一そう苦しさを増大させるので、ときどき水液をとっているが、徐々に抵抗力が弱くなり、主治医も手の打ちようがないようであった。」

輸血するしかないが、クラスの四四人では足りず、協力者は八〇人へ。

「ある日、時間のあい間を見て会いに行った。しばらくぶりに私の姿を見るなり、彼はニッ

コリと笑顔をみせてくれた。

『先生、ぼく、もう、だめです。』と言った。彼のその言葉が終わるのを待たずして私は思わず、『ばかもん!』と言ってしまった。しかし、彼の言葉が強烈に心にやきついてしまい、毎日の仕事の上でもそれは頭から離れることがなかった。」

そして、卒業直前、クラスの一生徒が献血の提案をし、「この小さな発言が三年生全員に及び、再び協力体制がとられるようになった。私は生徒たちの友情につよく打たれた。」

翌二月二二日、保男君は亡くなった。

「ついに全献血者の好意もむなしく彼は永眠してしまったのであった。十七〔十八〕才の短い命。戦争とはまったくかかわりなく、ピカドンを直接体験してもいない一人の若者の死。母親の被爆体験によるのみの〝被爆二世〟という十字架を背負い、一年六カ月の闘病。(…)人間の英知によってつくられた原子力が、人間自身の殺傷の道具として使用されたのが残念でならない。」

そして渡海氏は、被爆二世も含めた被爆者への対策が遅れていることに抗議し、今積極的に手をうたなければならないと訴える。

「長崎、広島には被爆が原因でいまなお苦しんでいる人びとがたくさんいる。わずかだが徐々に援護の手が差しだされているが、保男君のように被爆二世の問題となると、まったく何等の保障もなされていないのが現状である。市内のM高校の調査によれば全校生徒の三六・

八％の六二九人が被爆二世であることが判明したと報告されている。この人びとの上にいつ放射能の影響が現れるかわからない。これら被爆二世には原爆医療法、原爆被爆者特別措置法の適用はなく、実態調査ひとつさえなされていない。病院に入院しても、もちろん手帳交付すらなく、まったく放置されている。政府や、関係当局の対策が、今日までなんら講ぜられていないことに失望の念を抱かずにはおられない。保男君の場合でも十分な健康管理の下に生活していたならば、このような悲劇はなかったかもしれない。長崎市内だけで七万人に達する被爆二世に、安心して十二分の生活を保障してやることが、われわれの責務である。」

被爆二世へは最近になって年一回の無料健康診断が始まったが、依然として現在も被爆者健康手帳は交付されていない。さらに指定地域外での被爆者については永年にわたる裁判闘争などによって対策が今、少しずつ動きだしたばかりであり、被爆者の切なる要求に応えるこれからの政治の責務ははなはだ大きい。

さらに、若者の活動をつけ加えたい。高校生の保男君は原爆症により若くして尊い命を奪われた。その前の「きけわだつみの声」の若者も同じくこれからという命を絶たれた。「未来を信じ、未来に生きる　そこに青年の生命がある」とは末川博の言葉であった。

そして今、同じ若者が反核・反戦・平和の運動に積極的に参加している。その中の一つが五〇年の歴史を持つ「高校生平和集会、平和ゼミナール」である。[14]

［徳の訓練］

理想を追い続けることはもちろん重要だ。しかし、自らの徳性を磨くことを忘れてはならない。徳という言葉は、道徳という言葉とは違って、日常語としてはあまり使わない。徳とはそのものの優れた性能（性質と能力）のことである。ナイフの徳はよく切れること、馬の徳は速く走ることなどとソクラテスは語り、「では人間の徳とは何か」と問う。人間の徳、立派さとは何だろう。

定義はここではひかえて、カントはこの徳の訓練法について、晩年の著書『人倫の形而上学』（一七九七年）の末尾で、次のように述べる。

私たちが目指すべき心の在り方は、「しっかりした、朗らかな心（強壮かつ活気ある心）」である。なぜ強い心かといえば、「いくつもの障害と戦わねばならず、その克服には徳はその全力を結集してかからねばならない」からである。そして、なぜ朗らかな心かといえば、障害と戦うためには、「生きる喜びの多くを犠牲としないわけにはいかないのであって、生きる喜びが失われると、往々にして、心は陰気邪険になることがあるからである。他方、よろこんでするのでなくて、強制労働としてせねばならぬとなると、自己の義務に従ってそれをしている人にとって、その仕事は何の内的価値もないものであり、好きになれないのはおろか、そういう義務を果たさねばならぬ機会は、できるだけ避けてしまうからである。」（⑪三八〇）

要するに、まじめで厳格だけではダメで、生きる喜びを味わう朗らかさが大事だと。

その次には、「道徳的な健康」についてこう述べる。

「道徳的健康を保つことは、人間にとって一種の養生法であるが、健康というのは無事息災の消極面にすぎず、健康自体を感じることはできない。（これを感じるためには）快適な生きる楽しみをゆるしながら、しかもひたすら道徳的な何ものかがつけ加わってこなければならない。」（同）

ここでも、楽しさと厳しさを両立させよと言う。しかし、欲求や欲望、誘惑との闘いのことはよく理解できても、どうしたら「朗らかさ」が獲られるのか？　カントはただ朗らかになれとは言わない。

「倫理的鍛錬とは何かといえば、それは、自然的衝動のため道徳性を危地に脅かす場合が起こっても、その自然衝動に打ち勝つことができるほどにまで、それと闘うことにほかならない。したがって、その戦闘に従事すれば（心が）勇壮になり、自分の自由を回復したことを自覚して、朗らかになるのである。」（同三八一）

自分が道徳的義務に従っているということ、つまり自らを律するという点で自由であること。これを自覚した時にこそ「朗らか」になる、というのだ。自信がもたらす朗らかさ！

さらに少し付け加えるとすれば、それは勇気であろう。堂々とするには自信だけでなく不安や危険に打ち勝つ強さ、つまり勇気が必要だろう。「勇気を奮い起こすことのできるひとはまた、希望を放棄することもないのである。」（⑰二八〇）

そうだ。希望を持ち続けるには勇気がなければならない。希望は単なる願望ではないのだ。前述したように、カントは「根拠ある希望」と言った。理性的思考を経て確信となった希望。この希望を持てばこそ、自信も勇気も堂々たるものになる。

培われる意志。暖炉に薪をくべ続けなければならない。

結局は各自が人格を磨き有徳の人となることを目指すしかないが、「徳は孤ならず、必ず隣あり」というではないか。類は類を呼び、連帯の輪は広がるに違いない。

ここで、最後となる余談を。私は木で小物を作るのが好きだと前述した。第七章では「輪っか」であったが、同じく硬い木材で玉を作り、その中に小さな玉を彫り残すのも楽しい作業だ。神社の入り口にある狛犬の口の中の石玉のように。これを手の中で、あるいは手のひらで転がしては楽しんでいる。中の小玉の動くのは、不動ではない地球内部を想像させる。この「コロコロ玉」を、正多角形で作ってみよう。原理的に五種類の正多面体しかありえないことが証明されるから、すべてを作ってみる。つまり正三角形四つの正四面体、正方形六つの正六面体(サイコロ)、正三角形八個の正八面体、正五角形一二個の正一二面体、そして正三角形二〇個の正二〇面体である。

最後の正二〇面体の三角形の穴を開けると、掘り残った部分が何かの形になる。この、不要なものを捨てると素晴らしい何かが現れるというのが感動的だ。彫刻の神髄がここにある。さて、その残った橋の部分は、「大」の字に似た形だ。これは人と人が手を繋いでいるように見

える。右手と左手、右手と左足などと、いろいろな人といろいろな部位で繋がっているように見える。しかも全員が丸い地球上で繋がっているように見える。何という「希望の輪」だろう！　堂々と、そして朗らかに、手をつなぐ大勢の人々！

［根拠ある希望］

カントは実践的哲学者であった。さらに政治的哲学者であった。哲学者、K・ヤスパースはこう述べる。

「多くの小論文や、大きな著作中での幾多の言及は、カントの政治に対する関心が付随的でなかったことを一貫して示している。最初の、そして最後の問題が人間の問題であるところの哲学の本質は、政治的であらねばならない。カントは実に最高級の政治的思想家であったのである。」[15]

この点については、第六章で登場した『永遠平和のために』の最後の文を思い出していただきたい。

このカントの実践性を高く評価した一人が、先述の朝永三十郎である。やや難解な文だがカントの平和論こそカント全哲学の要約、縮刷版であるという。

「かくて、戦争の恒久的終息が超時間的理念でなければならぬ、ということは彼れの道徳哲学、その『人格の尊厳』の思想によって要請せられ、其れの可実現性は彼れの歴史哲学の基礎概念としての『摂理』又は『自然の意図』等の概念によって『保証』せられ、其保証の『確実性』の性格は彼れの認識論の終結として論述せられて居る『方法論』によって限定せられる。カントの平和論はかくて、彼れの認識論、道徳論、法理論、及び歴史哲学の諸基礎思想が一点に輻合して、彼れの哲学の全体系を反映するところの一『ミクロコスモス』を形造って居る。」[16]

くだいて言えばこうなろうか。

カントは、戦争を永久に終わらせ、地上から一切の戦争をなくす道を指し示した。その根拠は「人格の尊厳」を出発点とする彼の道徳哲学にあり、その理想の実現可能性については彼の歴史哲学で保証され、さらにこの保証の確実であることは彼の理性と理念についての考察で明らかにされている。したがってこの平和論は単なる国際政治論ではなく、カントの全思想の要約、エキスなのである。そしてこの理想・理念を一歩一歩実現していくという課題が、私たちに与えられているのである。私たちの責務ははなはだ大きい。

第二章に、神と人間の対話があった。あなたたちに善なる心を植えつけておいたからそれを育みなさい、と。広い意味の人間形成、人格形成が求められている。

もちろん、意欲だけでは不安定だ。そこには批判によって鍛えられた理性が根底になければならない（『純粋理性批判』には「純粋理性の訓練」という章まである）。この理性の訓練を経た者について、カントは言う。

「彼の眼前には、実践的領域への展望がひらけている。彼はそこに精神を健康にする体系を建設すべきいっそう堅固な土地を充分な根拠をもって希望しうるのである。」（⑥四九）

精神を明るくする学問！　精神の青空！　十分な根拠をもつ希望！

現代に生きる私たちは、カント以降に発達した科学、特に経済学、生物学などの成果を取り入れて、カントの理想主義を補強しなければならないだろう。カントは一八世紀のドイツ、資本主義興隆期、上昇期の思想家である。二一世紀の今は、資本主義の衰退期、多くの矛盾が露呈し、地球全体が危機に瀕している時代である。善なる意志（愛）という台木に接ぎ木された多くの思想家、マルクス、ガンジーなどの叡知の養分を摂取して、この木をますます逞しく、豊かな大木に育てていこう。

これで、カントとともにした散歩もそろそろ終わりである。本書の第一部から第三部までを、彼の墓碑銘にならって要約すると次のようになるだろうか。

私には、それを思うことしばしばにして、長ければ長いほどますます新たにして、且つ増大する感嘆と崇敬の念をもって心を満たすものが二つある。樹々を透かして輝くわが上なる星々の世界と、わが心を貫く道徳法則である。さらに、感激と感謝をもって温かく心を満たすものが二つある。子らのために働く人々の額に光る汗、そして愛と尊敬によって結ばれた多くの友である。

最後に、私の切なる願いを詩に託したい。

日本のあちこちで　世界のあちこちで
われらは集まり　活動し始める

人間らしく生きる世界を目指して
子どもたちの伸びようとする芽が
健やかに育つ社会を求めて
働くひとが苦労しがいのある
社会を目指して

差し出す手
触れあう手
つながる手

その手は強いのもあれば
小さく　弱いのもある
病気で震える手もある

輝く瞳
あふれる笑顔
愛に満ちた人・人・人の輪

「始めは　もう半分」だ
われらの小さな運動は
あっちから　こっちから　集まって
大きな流れとなる
敵の武器をも怯ませる
大きな流れとなる

われらには「根拠ある希望」がある
希望が人と人を結びつける

愛が人と人をつなぐ
そして
人々の輪が地球を包む
大空にかかる虹のように
われらの輪は地球を包む

【注】

1 『ヴァイオリン奏法』（Y・メニューイン、音楽之友社、一九七六）
2 『内なるヴァイオリン　演奏についての考察』（D・オプノー、音楽之友社、一九八七）
3 『蒼蠅』（熊谷守一、求龍堂、二〇一四）
4 『わたしの生涯』（ヘレン・ケラー、角川書店、一九六六）
5 『自然と人生』（徳富蘆花、岩波書店、一九五八）
6 『ミケランジェロの生涯』（A・ストーン、二見書房、一九七五）
7 『インディアスの破壊についての簡潔な報告』（ラス・カサス、岩波書店、一九七六）
8 『わたしの非暴力　1』（ガンジー、みすず書房、一九九七）
9 『反戦主義者なる事通告申上げます――反軍を唱えて消えた結核医・末永敏事』（森永玲、花伝社、二〇一七）。そして末永のふるさとに「末永敏事平和記念館」が建てられた。

10 『旭川・生活図画事件――治安維持法下、無実の罪の物語』（安保邦彦、花伝社、二〇二一）に詳しい。
11 「第二回核兵器禁止条約締約国会議」参加報告、『二〇二四年度　長崎被爆地域拡大協議会　定期総会議案』二〇二四・五・一六
12 『キノコ雲の下から、さあもう一度――ナガサキ・被爆家族の願い』（金高茂昭、新風舎、一九九六）
13 『日本の原爆記録⑩』（日本図書センター、一九九一）
14 『核兵器と戦争のない世界をめざす高校生たち――平和集会・平和ゼミナールの50年』（高校生平和ゼミナール全国連絡センター編、大月書店、二〇二四）参照。
15 『カント』（ヤスパース、理想社、一九六二）
16 『カントの平和論』（朝永三十郎、改造社、一九四七）

おわりに

この本の最後の方に、私たちの求める人物像として「確固たる信念をもった（しっかりした、堂々たる）、朗らかな（優しい心の）人」というのが出てきた。何の難しいこともない、平凡な表現だ。カントはいたるところで「健全な知性」と言う。健全な、というのは特別な学問を修めなくても万人にとってスーッと胸に落ちるという意味だろう。

私はふと、若い頃の同僚を思い出す。三〇代のころ教育現場でよき友であり、よき兄貴分であり、模範となる人格者であったK氏。いつもニコニコ顔で私に「力さん！」と親しく話しかけ、時には私の苦境を慰め、励ましてくれた、年はほどんど変わらないが、「大先輩」と密かに感謝している。彼は困難な家庭環境の生徒を一時自分の家に預かったりもしていたので、彼の愛車（新聞社が所有しているようなジープ！）はいつも、生徒指導のことで夜も走り回っていたことを私は知っていた。それから私は職場を変わった（大阪から長崎へ）が、しばらくして落ち込んだ私を励ますために、彼は車を飛ばしてやってきたのだ。彼は心優しいだけでなくいつも堂々としていた。人格者であった。

しかし、彼は知らぬ間に亡くなっていた。ずいぶん経って知った私は、彼のふるさと・福井へ車で向かった。地元の人に何度も尋ねてやっとたどり着いた彼の墓。日本海の潮の香を受けながら彼は眠っていた。

イエスやマルクスやカントなどによって自分は支えられてきた、と人はよく言うが、真実そう言えるほど、私は大思想家を知っているだろうか。そして心底から敬愛しているだろうか。そう胸に手を当てた時、やはり私にはこのKさんの笑顔が現れる。カント、カントと書いてきたが、実は「カントとKさんとともに」のほうが副題としては当たっているのではないか、などと考えている。

さて、このような人生論のような本を、私は若い頃からぼんやりと頭に描いていた。しかし、いわゆる名著を読んでもぼんやりした目標、あこがれは現れてもどっしりした充実感を得るには至らなかった。自分で一から考え、自分なりの人生論を作り上げること、カント流に言えば堅実な材料で質素だが揺るがない家を建てること、もちろんそのための土台作りから始めることと、これを少しずつでも実行し続けることは何と長い年月がかかることか。

今、その相当の歩みを振り返って、未熟とはわかりながら若者（心の若者）に向かってこの本を書いた。疲れはてたり、落ち込んだりしながらもどうにか歩んできた、七転び八起きの人生。何かの参考になれば、そして少しでも慰めと励ましができたらと願いつつ。

執筆の動機の一つに、カントと長崎の縁がある。わが国にもたらされたカントの著作の第一号は『人間論』（初版一七九八年）であり、その一七九九年版が長崎に入ったのが一八六三

（文久三）年のことであった。ベーディングハウスというドイツ人が、商業学校卒業後帆船で喜望峰から香港経由で長崎へ。この辺の事情は武藤長蔵の研究書に詳しい。

もう一つは長崎出身の哲学者・朝永三十郎である（第六章、九章参照）。戦争への道を進む時代に、哲学の教師としてどんな思いを抱きながら著作や講演をしたのか。今の時勢とダブらせながら書いてみた。

さて、最後の締めもカント流に（第三章、『純粋理性批判』の末尾）。

〝みなさんは私の拙い書にお付き合いする好意と忍耐とを持たれた。もし、みなさんがこのささやかな書に批判を加え、乗り越えて、この小径を堂々たる大道にするために努力されるならば、きっとよりよき未来が期待されるでしょう。〟

この拙い本の取り組みの最初から絶えず励まして下さり、その上原稿に目を通して貴重な助言をいただいた末永等さん、中村淑子さんに心より感謝申し上げます。

そして原稿を仕上げるのにご尽力下さった花伝社の編集部長、佐藤恭介さんには大変お世話になりました。

最後に身近で意見と示唆を与えてくれた妻に感謝。

さらに、あと二つ。

山の木々が変身してできた「構想ボール」（愛称はコロコロボール、略してコロちゃん）にも。私はこのコロちゃんを手の中でころがしながらしばしば文章を練ったものである。ふとアイデアが湧くのもこのコロちゃんのおかげであることが多かった。コロちゃん、ありがとう。

次は黒檀で作った小さな鳥。ヴェルディの「行け、わが想いよ、黄金の翼に乗って」のようにこの小さな鳥は机上の大きなコロちゃんの上に乗って窓の外を眺めている。翼を広げたその姿を見ながら、想いは世界を、そして過去から未来へと巡ったものである。黒い小鳥さん、ありがとう。

［追記］

この最終稿が出来上がる直前に菱谷良一さんから便りが届いた。自らを「100歳を超えたスーパー老人」と称する彼。この本が「世上に流布される由、是非一日も早く眼にしたいと首を長くして待って居ります」。

激動の歴史の生き証人から熱ある励ましとともに、尊く且つ重いバトンを受け継いだ思いで感無量である。

もう一つの喜びは、世界中に湧いたそれの一部である。つい先日の一〇月一一日、今年のノーベル平和賞が日本被団協（日本原水爆被害者団体協議会）に授与されることに決定。

人生のほとんどを被爆の語り部として、そして核なき世界をめざす絶え間ない活動に費やしてこられたYさん、Sさん、Mさん、（…）らの顔が目に浮かぶ。この受賞が核保有国や日本の人々を感動させ励まし、核禁条約参加への機運をうながす大きな力となることを切に願ってやまない。

『カント全集』（岩波書店、全二二巻と別巻）

『第一巻　前批判期論集』
・活力測定考　・地球自転論　・地球老化論　・火について　・地震原因論　・地震の歴史と博物誌　・地震再考

『第二巻　前批判期論集2』
・天界の一般自然史と理論　・形而上学的認識の第一原理　・自然モナド論　・自然地理学講義要綱および公告　・オプティミズム試論　・フンク君の早世を悼んで　・三段論法の四つの格　・美と崇高の感情にかんする観察　・脳病試論　・ジルバーシュラーク著『火球の理論』についての論評

『第三巻　前批判期論集3』
・神の存在の唯一可能な証明根拠　・負量概念の哲学への導入　・自然神学と道徳の原則の判明性　・一七六五─六六年冬学期講義計画公告　・視霊者の夢　・空間における方位の区別の第一根拠について　・可感界と可想界の形式と原理　・モスカティ著『動物と人間の構造の身体上の本質的相違について』の論評　・さまざまな人種について　・汎愛学舎論

『第四巻　純粋理性批判上』
『第五巻　純粋理性批判中』
『第六巻　純粋理性批判下　プロレゴーメナ』

『第七巻　実践理性批判　人倫の形而上学の基礎づけ』

『第八巻　判断力批判上』

『第九巻　判断力批判下』

『第十巻　たんなる理性の範囲内の宗教』

『第一一巻　人倫の形而上学』

『第一二巻　自然の形而上学』

『第一三巻　批判期論集』

・ランベルト往復書簡集の公告　・医師たちへの告示　・七つの公開声明　・シュルツ著『宗教の区別なき万人のための人倫論試論』についての論評　・偽版の違法性について　・G・フーフェラント著『自然法の原則にかんする試論』についての論評　・L・H・ヤーコプの『メンデルスゾーンの「暁」の検討』に対する二、三の覚え書き　・思考の方向を定めるとはどういうことか　・純粋理性批判の無用論　・弁神論の哲学的試みの失敗　・哲学における最近の高慢な口調　・誤解から生じた数学論争の解消　・魂の器官について　・哲学における永遠平和条約の締結が間近なことの告示　・人間愛からの嘘　・出版稼業について　・R・B・ヤッハマン著『カントの宗教哲学の検討』への序文　・Ch・G・ミールケ編『リトアニア語＝ドイツ語辞典』へのあとがき　・形而上学の進歩にかんする懸賞論文

『第一四巻　歴史哲学』

・世界市民的見地における普遍史の理念　・啓蒙とは何か　・J・G・ヘルダー著『人類史の哲学考』についての論評　・人種の概念の規定　・人間の歴史の憶測的始元　・哲学における目的論的原理の使について　・理論と実践　・万物の終わり　・永遠平和のために

『第一五巻　人間学』
・実用的見地における人間学　・人間学遺稿
『第一六巻　自然地理学』
『第一七巻　論理学　教育学』
『第一八巻　諸学部の争い　遺稿集』
・諸学部の争い　・『美と崇高の感情に関する観察』への覚え書き　・『理論と実践』準備原稿　・『永遠平和のために』準備原稿　・『人倫の形而上学』準備原稿　・『諸学部の争い』準備原稿　・『自然地理学』補遺
『第一九巻　講義録１』
・形而上学Ｌ１　・形而上学Ｌ２
『第二〇巻　講義録２』
・コリンズ道徳哲学　・人間学講義　・ペーリッツ論理学
『第二一巻　書簡１』
『第二二巻　書簡２』
『別巻　カント哲学案内』

力武晴紀（りきたけ・はるき）
1951年、長崎県に生まれる。京都・大阪・長崎で教職に就く。著作に、『炎は消えない――長崎県の治安維持法犠牲者』、『ザボンよ、たわわに実れ――民主医療に尽くした金高満すゑの半生』（花伝社）。

茨の小径の向こうには――カントに学ぶ、希望の哲学

2024年12月10日　初版第1刷発行

著者 ――力武晴紀
発行者 ―平田　勝
発行 ――花伝社
発売 ――共栄書房
〒101-0065　東京都千代田区西神田2-5-11出版輸送ビル2F
電話　03-3263-3813
FAX　03-3239-8272
E-mail　info@kadensha.net
URL　https://www.kadensha.net
振替 ――00140-6-59661
装幀 ――北田雄一郎
印刷・製本―中央精版印刷株式会社

ISBN978-4-7634-2148-7 C0010